花言茶语

优雅女神成长手册

张少艾 ◎ 著
曹莺倩 ◎ 绘图

化学工业出版社
·北京·

这本《花言茶语》小书，试图通过季节这条线，引出各种应季花卉和合时的日常茶饮，来唤醒现代人对自然界季节变化的感受。春观牡丹，夏探清荷，秋赏菊花，冬供腊梅，"弄花香满衣"的同时，我们"掬水月在手"，泡一壶应季的清茶。人生的目的不应该是为了终极目标而狂奔，我们该放慢自己的脚步，一路欣赏美景，一朵花开，一杯清茶，都能让我们重新体验大自然赋予的种种美好，让我们在忙碌的尘嚣中，放飞心灵，重拾轻松！

图书在版编目（CIP）数据

花言茶语／张少艾著；曹莺倩绘图．—北京：化学工业出版社，2017.9
（优雅女神成长手册）
ISBN 978-7-122-30284-7

Ⅰ．①花… Ⅱ．①张… ②曹… Ⅲ．①茶饮料—制作 Ⅳ．①F713.81

中国版本图书馆CIP数据核字（2017）第173988号

责任编辑：李彦玲　　　　文字编辑：姚　烨
责任校对：宋　夏　　　　装帧设计：仙境设计

出版发行：化学工业出版社（北京市东城区青年湖南街13号 邮政编码100011）
印　　装：北京新华印刷有限公司
880mm×1230mm　1/32　5¾　18千字　2017年9月北京第1版第1次印刷

购书咨询：010-64518888(传真：010-64519686)　售后服务：010-64518899
网　　址：http://www.cip.com.cn
凡购买本书，如有缺损质量问题，本社销售中心负责调换。

定　　价：45.00元　　　　　　　　　　　　　　　版权所有　违者必究

掬水月在手 弄花香满衣

不得不承认现代科技的发展给我们的生活带来了越来越多的便利和物质的享受。空调让我们轻易地拥有舒适的四季如春的温度，我们不再为炎夏酷暑而汗流浃背，也不会因为严寒风雪而瑟瑟发抖；温室大棚和现代生物技术，让我们一年四季都可以吃到心仪的食材，观赏到各种花开；年轻人不懂什么叫不时不食，大冬天吃西瓜成为常态；清明时节拿着菊花去扫墓成了理所当然；灯火通明网络发达，让我们日夜颠倒，忘了清晨早起倾听鸟鸣，看太阳升起是多么美好——各种违背自然天性的生活方式，让我们离自然越来越远，也让许多人身心健康发生了问题。不得不说这其实也是我们现代人的一种悲哀。这本《花言茶语》小书，试图通过季节这条线，引出各种应季花卉和合时的日常茶饮，来唤醒现代人对自然界季节变化的感受。人生的目的不应该是为了终极目标而狂奔，我们该放慢自己的脚步，一路欣赏美景，"掬水月在手"——泡一壶清茶，"弄花香满衣"——看一朵花开，都能让我们重新体验大自然赋予的种种美好，让我们在忙碌的尘嚣中，放飞心灵，重拾轻松！

本书撰写过程中，受到许多朋友和家人的支持，远在纽约求学的曹莺倩百忙中精心绘制了花卉插图，给本书增色不少；鲁朝辉、赵云汉、刘静、姚雷、章胜贤、张少敏、吕静、徐光辉、刘炜、郝珊珊、卜嘉伟等朋友提供了精美图片，在此深表感谢。个别图片来自网络，在此向这些不知名的摄影者深表歉意并致谢！

张少艾
2017 年 5 月

目录

春日

水仙缥缈迎新年 吉庆茶香合家欢——赏水仙花，品元宝茶、八宝茶

梅花送香迎春到 春寒料峭岩茶暖——赏梅花，品岩茶

海棠春睡花纷飞 碧螺春香百里醉——赏海棠花，品碧螺春茶

谷雨三朝看牡丹 雨前龙井恰香醇——赏牡丹、芍药，品龙井茶

夏日

立夏春尽蔷薇香 温和甘醇试黄芽——赏蔷薇，品霍山黄芽茶

端午时节话菖蒲 香浓馥郁赏昔归——赏菖蒲，品昔归普洱茶

梅雨季节茉莉芳 沉水窨成换骨香——赏茉莉花，品茉莉花茶

月钩初上紫薇花 冰沁荔红肌无汗——赏紫薇花，品冰泡荔枝红茶

盛夏赏荷别样红 碗泡香茶正消暑——赏荷花、睡莲，品安吉白茶、香莲茶

秋日

寂寞梧桐锁清秋　初秋润燥老白茶——赏梧桐，品白茶

稻花香里说丰年　白露还品白露茶——赏稻花，品台湾金萱茶

桂子飘香中秋节　应景还品桂花茶——赏桂花，品桂花乌龙茶

重阳赏菊佩茱萸　紫苏菊茶最宜秋——赏菊花茱萸，品菊花、紫苏姜茶

晚秋拒霜芙蓉花　凤凰单丛沁肺腑——赏芙蓉花，品凤凰单丛工夫茶

冬日

山茶最是耐冬花　滇红奶茶韵味浓——赏山茶花，品滇红奶茶

蜡梅飘香天竺艳　冬饮六堡暖心田——赏蜡梅天竺果，品六堡茶

岁末清供佛手香　焖泡藏茶保健强——赏金佛手，品藏茶

馨香岁晚说墨兰　王者之香数祁红——赏墨兰，品祁门红茶

春日

水仙缥缈迎新年 吉庆茶香合家欢
——赏水仙花，品元宝茶、八宝茶

水仙缥缈迎新年

中国的农历新年——春节，总在立春前后，除了南方几个省市，大部分地区都天寒地冻，草木凋零，但多数有水仙花枝俏。因而不管是南方还是北方，过年时很多家庭都会摆一盆水养的水仙花在厅堂，洁白的花，衬着绿叶，散发着馨香，给新年增加了不少雅致的氛围。宋代诗人黄庭坚一生酷爱水仙花，写了多首赞美水仙花的诗，其中名诗《王充道送水仙花五十枝》云："凌波仙子生尘袜，水上轻盈步微月。是谁招此断肠魂，种作寒花寄愁绝。含香体素欲倾城，山矾是弟梅是兄。坐对真成被花恼，出门一笑大江横。"所以，水仙雅号"凌波仙子"。

中国水仙的原种为唐代从欧洲引进的多头水仙,即一个花葶出来,会像伞一样,打开好多朵花,而现在的大部分西洋水仙都是单朵盛开的。水仙花在中国已有一千多年栽培历史,经上千年的选育而成为世界水仙花中独树一帜的佳品,为中国十大传统名花之一。

/ 西洋水仙

/ 单瓣的金盏玉台

/ 重瓣的玉玲珑

一般的花都以重瓣为上品，只有水仙以单瓣为贵。常见的品种6瓣洁白的花被片，中间有金色的副冠，形如盏状，花味清香，叫"金盏玉台"亦名"酒杯水仙"，花期约半个月；若副冠呈白色，花多，叶稍细者，则称"银盏玉台"。花重瓣品种，白色，花被12瓣，卷成一簇花冠下端轻黄而上端淡白，没有明显的副冠，名为"百叶水仙"或称"玉玲珑"，花期在二十天左右。重瓣水仙花形不如单瓣的美，香气亦较差，是水仙的变种。

水仙自唐朝传入中国后，最早是在湖北种植，后来又在江南一带盛行，并逐步扩展栽培范围，到了康熙中后期开始，漳州府龙溪县水仙开始一枝独秀，民国时期，漳州水仙更是驰名中外，销售范围进一步扩大，内销京、津、沪、粤等各大都市，外销欧、美、日、东南亚等国。另外上海崇明的水仙品质也非常好，但知道的人并不多，因为崇明水仙比较稀少。和漳州水仙的旱种方式不同，崇明水仙都是水田栽种。一般来说，100个水仙头中只有20个可以作为商品来出售，如此低的商品率大大增加了农户的种植成本。此外，由于崇明水仙是无性繁殖，没有开花授粉，由此更是造就了奇珍程度，连上海本地花市上也充斥着漳州水仙。崇明水仙最大的特点就在于花形好，花期长。崇明水仙花期长达40天左右，而漳州水仙花期为25天至30天。香味也是崇明水仙更香一些。

/ 公园池塘里的水仙

一般家庭养水仙,都是从花市买水仙球,水养,开完花以后就扔了,以至于好多人以为水仙就是水养的。其实水仙培养成能开花的成品球上市前,要先经过三年的土栽养球,最后的水养开花消耗的就是球里储存的养分。如果买来的球一开始就土栽,正常的施肥养球,水仙是可以和许多球根花卉一样,一次栽培,多年开花的。

水仙的家庭水培开花现在已经是一项成熟的技术了,正常情况下,水仙从入水到开花需要40~50天,我们可以算准时间,提前准备,让水仙正好在元旦和春节开放。去市场上选购水仙球,要挑那种矮胖丰满硬实的球,花芽多的。水养前,先剥掉外面褐色的外皮,然后在球的顶端用刀划个十字口,方便芽叶出来。如果想做造型,还可以用锋利的小刀对球进行雕刻,这个有点难度,原理就是把芽里的幼叶纵向削去1/3,叶子在生长时就会朝刀口方向卷曲,这样叶子低矮,花露出在叶子上方,再配合养护时的造型,可做出各种诸如"蟹爪""孔雀开屏""茶壶""花

/ 雕刻好的水仙球

/ 金鸡报春
（2016年底深圳水仙花展作品）

篮"等惟妙惟肖的水仙盆景。水仙球如果没做雕刻，那么养护时要注意：白天水仙花盆要放置在阳光充足的向阳处给予充足的光照。因为植物需要通过叶绿素经过光合作用提供养分 这样才可以使水仙花叶片宽厚、挺拔，叶色鲜绿，花香扑鼻。晚上倒掉水，控制水仙的叶子生长，让它不至于徒长成"大蒜样"。雕刻了的水仙球，必须先浸水两天洗干净伤口流出的黏液，然后用干净纱布或棉花覆盖，防止伤口褐变影响观感。等水仙花花葶舒展，花蕾从花序总苞片中散开，则可以放在室内观赏了。

吉庆茶香合家欢

可以说,中国人所有的节日都是在舌尖上度过的,老人家对孩子的爱也是通过食物传递的,新春佳节合家团圆,几乎,整个春节都在酒足饭饱,美味佳肴中度过。肥腴油腻的菜吃多了,自然会向往起清香爽口去油腻的茶水来,哪怕是平时不太喝茶的人,也会忍不住呷上几口清茶。那么春节时喝什么茶呢?各人爱好不同,口味不一,但很多地方新年里喝茶也讲究个口彩,讨个吉庆。

江浙一带,新年里有喝用青橄榄泡的元宝茶的习俗。

/ 细嫩的红茶

/ 盖碗和青橄榄

新年天冷，我们可以用温暖的红茶来冲泡元宝茶，细嫩的金骏眉和宜红就非常合适。选择一个盖碗，用茶拨把茶盒中的红茶慢慢地拨到茶杯里，细嫩的红茶纷纷扬扬飘落而下，恰似"春城无处不飞花"，悬壶高冲向碗中注入开水，称之为"江南二月雨声哗"。冲好了开水后即可用筷子或茶夹将青橄榄分别夹到杯中去。茶杯如窠，橄榄如燕，每一个杯中夹进两个橄榄故称为"衔泥筑巢双飞燕"。青橄榄，吴语中的谐音就是"请过来"，表示主人的好客。橄榄两头尖中间大，形似元宝，民间也称为"大福（腹）果"，每杯放两粒，意为双福临门。橄榄青，隐喻生活四季常青；茶汤红，隐喻日子火火红红。这杯元宝茶中融入了主人的深情，也融入了我们中华民族的传统祝福。把"元宝茶"敬奉给客人，献上的不仅仅是一杯茶，而是献上了主人的祝福。祝福客人年年发财，岁岁如意，所以称为"年年送宝到君家"。有时没有青橄榄，也可以试着用九制陈皮橄榄冲泡，味道也很不错，茶香中带有微咸的陈皮橄榄味，很独特。

/元宝茶

还有一种茶也很适合新年里喝，老少咸宜，那就是八宝茶。八宝茶，顾名思义即有八样料，一般有茶叶、红枣、枸杞、核桃仁、桂圆、芝麻、葡萄干、菊花等，也可根据个人喜好添加不同的配料。将八种配料放入盖碗中，冲以滚烫的水，料在盖碗中翻滚。盖上盖，静待二至三分钟即可享用。喜欢甜的，再加几块冰糖，但不要加白糖，因为冰糖可以慢慢融化，一、二泡以后依旧有甜味。也可以加罗汉果、甘草来增加甜味，还可以加点西洋参。八宝茶的冲泡需要添加滚开的沸水，这样在饮用时会发现每一口茶的味道都会略微发生改变，这是因为每种配料是在不同的时段释放出其独特的滋味的。

/八宝茶配料

/八宝茶的冲泡

梅花送香迎春到 春寒料峭岩茶暖
——赏梅花，品岩茶

梅花送香迎春到

每年在江南老家过完春节，总想着，要是能多待几天，大概就能看到梅花了，只是这个心愿只偶尔在春节落在比较晚的2月份时才能实现。其实在广东，每年的12月份就有梅花开了，据说从化的流花溪，每年的梅花开得也惊人的美艳。但来广东十几年，一次都没去看过，心里固执地认为：只有江南2月下旬开放的梅花，才符合"梅花迎春到"的说法。

梅花在中国真的是非常古老的一种被栽培的花树了，大约已有3000多年的历史。不过，最早的时候，梅花主要栽培来收果用的。梅子的酸，

/ 晨曦中盛开的红梅

被咱们的老祖宗很早以前就用来做调味了。中国最早的史书《尚书》里边写道:"若作和羹,尔惟盐梅。"《孔传》:"盐咸,梅醋,羹须咸醋以和之。"意思是,要做一道好吃的羹汤,必须放盐和梅。很长一段时间,咱中国人一直是把梅卤当成一种调味,梅卤可以直接代替醋作为凉拌青菜的调料,会让凉菜更显鲜爽。不过,对于古人来说,梅卤最大的意义还是在于腌制水果、鲜花,因为腌制过程中适量加入这种酸汁,能让腌品久不变质,长期保存,还可以保持鲜果、花朵的原有颜色不改变。这种很有用途的梅卤又是怎么做的呢?清代食谱《养小录》、《调鼎集》都介绍,将青梅果加以盐腌,密封在容器内,置于露天晾晒,时间一长就会生出酸汁,这就是"梅卤"。

说了一大堆食梅的事,再说说赏梅的事。观赏梅花的兴起,大致始自汉初。宋代(960-1368年),是中国古代艺梅的兴盛时期。艺梅技艺大有提高,花色品种显著增多。南宋范成大著《梅谱》(约1186年),搜集梅花品种12个,还介绍了繁殖栽培方法等,这是中国、也是全世界第一部艺梅专著。在严寒中,梅开百花之先,独天下而迎春。梅以它的高洁、坚强、谦虚的品格,给人以立志奋发的激励,所以古时的文人雅士一直非常推崇梅花,与兰花、竹子、菊花一起列为四君子,与松、竹并称为"岁寒三友"。

/ "绿阴满地青梅小"
　——欧阳修

/ 梅肉膏

文学史上，留下的咏梅诗句不计其数，但最脍炙人口的还数宋朝的林和靖的《山园小梅》："众芳摇落独暄妍，占尽风情向小园。疏影横斜水清浅，暗香浮动月黄昏。霜禽欲下先偷眼，粉蝶如知合断魂。幸有微吟可相狎，不须檀板共金樽"。其中"疏影横斜水清浅，暗香浮动月黄昏"两句，成功地描绘出梅花清幽香逸的风姿，堪称千古咏梅绝唱。疏疏落落的梅枝，纵横交错，映在清浅明澈的池塘中，随着水波荡漾，梅影格外摇曳多姿；黄昏的淡月下，空气中若有若无飘浮着缕缕幽香。这么写梅花的姿态和香气，讲究的就是一个含蓄韵味意境，正是我们中国传统的审美情趣。

中国古代文人对梅花情有独钟，视赏梅为一件雅事。赏梅贵在"探"字，所以梅花的栽培不宜太直白空旷，数枝梅花可以种在墙角、屋后、假山背面，飘出暗香来；大片种植处最好也是曲径通幽，然后豁然开朗处。品赏梅花一般着眼于色、香、形、韵、时等方面。

色：梅花的花色有紫红、粉红、淡黄、淡墨、纯白等多种颜色。成片栽植上万株梅花，疏枝缀玉缤纷怒放，有的艳如朝霞，有的白似瑞雪，有的绿如碧玉，成梅海凝云、云蒸霞蔚的壮观景象。

香：梅花香味别具神韵、清逸幽雅，被历代文人墨客称为暗香。"着意寻香不肯香，香在无寻处"，梅香是淡淡的，忽隐忽现，让人难以捕捉却又时时沁人肺腑、让人陶醉。

形：古人认为"梅以形势为第一"，即形态和姿势。梅的枝干以苍劲嶙峋为美，形若游龙，遒劲倔强的枝干，缀以数朵凌寒傲放的淡梅，兼覆一层薄雪，如果这样的梅树种在粉墙前，被太阳光投影在粉墙上,俨然天成一幅水墨大写意。

韵:宋代诗人范成大在《梅谱》中说:"梅以韵胜,以格高,故以横斜疏瘦与老枝怪石着为贵。"所以在诗人、画家的笔下,梅花的形态总离不开横、斜、疏、瘦四个字。人们观赏梅韵的标准,则以贵稀不贵密,贵老不贵嫩,贵瘦不贵肥,贵含不贵开,谓之"梅韵四贵"。

/红梅

/白梅

时：探梅赏梅须及时。过早，含苞未放；迟了落英缤纷。古人认为"花是将开未开好"，即以梅花含苞欲放之时为佳，故名"探梅"。梅花以"惊蛰"为候，一般以惊蛰前后10天为春梅探赏的最佳时机。观赏梅花的情境也十分讲究。宋朝张功甫撰写的《梅品》中，专门介绍如何欣赏梅花。据《梅品》曰赏梅有二十六宜：淡云，晓日，薄寒，细雨，轻烟，佳月，夕阳，微雪，晚霞、珍禽，孤鹤，清溪，小桥，竹边，松下，明窗，疏篱，苍崖，绿苔，铜瓶、纸帐、林间吹笛，膝下横琴，石枰下棋、扫雪煎茶、美人淡妆簪戴等情况下，对梅的欣赏就更富有诗情画意。

/绿萼梅

春寒料峭岩茶暖

虽说梅花盛开预示着春天的到来,但春寒料峭,依旧让人感觉寒冷,这时候,一杯甘醇带有点火香的岩茶下肚,会让人感觉四肢百骸都透着暖意特别舒服。

岩茶是产在武夷山的一种半发酵茶,属于青茶(乌龙茶)类。武夷山茶区坐落在福建省东北部,有"奇秀甲于东南"之誉。群峰相连,峡谷纵横,九曲溪萦回其间,气候温和,冬暖夏凉,雨量充沛。武夷山到处是悬崖绝壁,深坑巨谷。茶农利用岩凹、石隙、石缝,沿边砌筑石岸,构筑"盆栽式"茶园。因为气候与土质特别,使得所产的茶有特殊的香味,未经窨花却有浓郁的鲜花香,饮时甘馨可口,回味无穷,俗称"岩韵"、"岩骨花香"。因为焙火较重,新岩茶会带有较重的火香,储存了一段时间后的岩茶,经过退火,香气和滋味会变得更加温和甘醇。

/ 大红袍

武夷茶在宋代作为北苑贡茶的一部分，运往建州进贡。到了元代，武夷茶更是作为贡茶的首选，朝廷为了监制贡茶，特地在武夷山的四曲溪畔设置"御茶园"，而且长达255年，从客观上扩大了武夷茶的影响。不过，这时的武夷茶属于蒸青绿茶，一直到明末清初才出现了半发酵的乌龙茶——武夷岩茶。岩茶中有很多名丛，最出名的就是大红袍了，传说清朝有个秀才进京去赶考，在经过武夷山时病倒了，刚好被一方丈遇到便将其带回庙中救

/小壶小杯品岩茶（赵云汉摄影）

/温暖的岩茶汤（赵云汉摄影）

治，方丈将九龙窠采下的茶树叶子泡成茶给秀才喝，后来没几天秀才就康复了，进京考试高中状元，恰好皇上这时病了，怎么治都不好，状元献上此茶治好了皇上的病，于是御赐红袍一件并让状元带去披在树上，同时封为御茶，年年进贡，后来这茶就被称为大红袍了。传闻大红袍的母树是产于武夷山峭壁上，此茶树只有三棵，产量极少，最高年份也只有七两八钱。

20世纪90年代末，曾经20克大红袍，拍出天价125万，一时成为美谈。如此珍贵的大红袍母株所产的少量茶叶，普通老百姓无缘得尝，幸亏1995年，武夷山茶叶研究所对大红袍经过十多年的反复实验，无性繁育也就是俗称的"克隆"，获得成功并经省科委鉴定通过，免除了断代之忧，保持了茶王大红袍的特征，现在满市场的大红袍就是这种无性后代。

好吧，在这春寒料峭的日子里，让我们用一把小如香橼的壶，浓浓地冲上一壶岩茶，用小如胡桃的杯子烫烫地喝上两杯，顿时让人感觉温暖如春。

海棠春睡花纷飞 碧螺春香百里醉
——赏海棠花,品碧螺春茶

海棠春睡花纷飞

春天,从梅花报春开始,各种蔷薇科的花卉就开始争奇斗艳了,陆陆续续,梅花、樱花、杏花、梨花、桃花、海棠依次登场,最后是开到荼蘼花事了,"荼蘼不争春,寂寞开最晚。"开到荼蘼花事了——荼蘼过后,春天便不再了。这些花姹紫嫣红,各有各的美,客观地说实在难分高下,只有个人喜好,而我独独最爱海棠花。

文人常爱用海棠春睡来形容美人没睡醒,慵慵懒懒之美态,此典出自《太真外传》"杨太真初睡起,明皇笑曰:海棠春睡未足耶?" 后苏东坡据此写了一首《海棠》诗:"东风袅袅泛崇光,香雾空蒙月转廊。

只恐夜深花睡去,故烧高烛照红妆。"进一步把"海棠春睡"人格化了。到了明代,"风流才子"唐伯虎根据典故,丰富了想象,画了一幅《海棠美人图》诗云:"褪尽东风满面妆,可怜蝶粉与蜂狂。自今意思谁能说,一片春心付海棠。"

这美人般的海棠其实是蔷薇科苹果属多种植物和木瓜属几种植物的通称与俗称。其中最著名的是西府海棠、垂丝海棠、贴梗海棠和木瓜海棠,习称"海棠四品"。海棠迎风峭立,花姿明媚动人,楚楚有致,花开似锦,自古以来是雅俗共赏的名花,素有"花中神仙""花贵妃"之称,在中国传统园林中常与玉兰、牡丹、桂花相配植,形成"玉堂富贵"的意境。

西府海棠、垂丝海棠都属于苹果属,所结的果子像小小的苹果,俗称海棠果,食用起来酸酸甜甜。西府海棠树态峭立,既

/西府海棠(赵云汉摄影)

香且艳,是海棠中的上品,华东、华北地区的园林广泛种植。花未开时,花蕾红艳,似胭脂点点,开后则渐变粉红,犹如晓天明霞。海棠的花形较大,新长出的新绿嫩叶簇拥着四至七朵花,缀满枝条。如果集中栽植一片或一路。千朵万朵压枝低,长长的枝条弯垂下来,沿路形成一条海棠花廊。人在花下,香风阵阵,不时有花瓣随风飘落,花雨一般,实在是妙不可言。垂丝海棠因花梗细弱下垂而得名,江南地区似乎更常见。垂丝海棠宜植于小径两旁,或孤植、丛植于草坪上,最宜植于水边,微风吹过,花梗摇曳,犹如佳人照碧池,风情万种。

/垂丝海棠摇曳娇弱的花朵我见犹怜

/盛放的垂丝海棠灿若云霞

木瓜属的海棠，花梗基本粗而短，花贴枝而长，少了些摇曳娇弱的风姿。常见做观赏的贴梗海棠，又叫皱皮木瓜。贴梗海棠早春先花后叶，很美丽，花色大红、粉红、乳白且有重瓣及半重瓣品种。春季观花，灿若云锦，夏秋赏果，清香四溢，枝密多刺可作绿篱，也可制作多种造型的盆景，被称为盆景中的十八学士之一。木瓜这种果实更是香气袭人可入药，有舒筋活络与和胃化湿的功能，有"百益之果"之美誉，云南等地多产。木瓜属还有一种栽培

/木瓜海棠

做观赏就叫木瓜海棠,一般花先于叶开放,2-3朵簇生于二年生枝上;木瓜海棠的品种多达百余种,有的以观果为主,有的以花取胜。日本海棠就是以观花为主的木瓜海棠系列品种,其品种很多,着花多而密,老干、老枝和头年生枝均着花,花朵大且多为重瓣,花色有橙红、深红、纯白、浅绿等色,甚至一株上也能同时开出大红、粉红、浅绿、纯白以及白色花中加以红线、红瓣、红边等不同颜色的花,花期极长,可达2个月之久。结的果实也叫木瓜可入药。

/贴梗海棠

春天里，蔷薇科的梅花、樱花、杏花、梨花、桃花、海棠，纷纷登场，因为花形相似，好多人分不清。这里根据江南地区的花期前后分别说一说：梅花最早，约在2月中下旬至3月底，先开花后长叶，花梗短，一朵一朵单独开放，有香气。梅花快结束时，接着樱花，花叶同生或先花后叶，有长长的花梗，一簇簇地开，而且每个花瓣中间有个凹。3月中下旬时，差不多时间桃花、杏花、梨花也开了，桃花开时有花

/樱花有梗，花瓣中间有个凹

/桃花无梗

有叶,花梗极短或没有花梗,花朵贴着树枝一朵一朵地开放,像阿牛歌里唱的"桃花朵朵开"。杏花则先开花后长叶,花梗短,花朵贴着树枝一团团地开,而且它的花萼红色反卷。梨花比较好认,基本都是白色,但雄蕊的花药却是红色的,两三朵一簇,花柄比较长,但比樱花短,梨花的叶子也比较圆。

/杏花,花萼红色略反卷

/梨花,雄蕊的花药红色

/几种蔷薇科花卉区别一览图

碧螺春香百里醉

春天是绿茶新茶上市品尝的季节，老茶客们都蠢蠢欲动，寻摸高品质的新茶。

洞庭碧螺春是江南的著名绿茶，产于江苏省苏州市吴县太湖的洞庭山（今苏州吴中区），洞庭东西山是著名的茶、果间作区。茶树和桃、李、杏、梅、柿、桔、白果、石榴等果木交错种植，碧螺春开采季节，也是桃梨杏梅海棠竞相盛放的季节。一行行青翠欲滴的茶蓬，像一道道绿色的屏风，一片片浓荫如伞的果树，蔽覆霜雪，掩映秋阳。茶树、果树枝丫相连，根脉相通，

/ 螺旋形、浑身毛的碧螺春

茶吸果香，花窨茶味，陶冶着碧螺春花香果味的天然品质。正如明代《茶解》中所说："茶园不宜杂以恶木，唯桂、梅、辛夷、玉兰、玫瑰、苍松、翠竹之类与之间植，亦足以蔽覆霜雪，掩映秋阳"。碧螺春成品茶外形条索纤细，卷曲，茸毛遍布，白毫隐翠；泡成茶后，汤色嫩绿明亮，味道清香浓郁，饮后有回甜之感。人们赞道："铜丝条，螺旋形，浑身毛，花香果味，鲜爽生津"，是我国的十大名茶之一。据《苏州府志》载："洞庭东山碧螺石壁，产野茶几株，每岁土人持筐采归，未见其异。康熙某年，按候采者，如故，而叶较多，因置怀中，茶得体温，异香突发。采茶者争呼：吓煞人香！茶遂以此得名"。后康熙南巡至苏州，觉得此名不雅，特赐名"碧螺春"。其实，听苏州小细娘用吴侬软语叫出"吓煞人香"是格外地婉转甜美。

/玻璃杯上投法泡碧螺春

上好的碧螺春非常幼嫩,加工一公斤特级碧螺春需要7~8万个茶芽。碧螺春的品饮可以用玻璃杯采取上投法,即先注水入杯,晾到75~80℃,就是手摸杯子微微觉得烫就可以了。再将茶叶轻轻投入水中,茶慢慢飘舞到杯底,在水底绽开,有"春染海底"之誉。此泡法极具观赏价值,而且,因为碧螺春嫩芽满披绒毛,如先放茶叶后倒水,经常会把绒毛激起,茶汤浑浊,而上投法,让茶叶静静地从水面沉入,却可以保持茶汤的清澈。当然用盖碗冲泡出汤的泡法也很不错。苏州当地的老人,以前都有一大早起来孵茶馆的习惯,很多老人习惯手捧一只宜兴紫砂壶谈天说地,泡一壶茶,不时对着壶嘴啜饮一口,这样的方法,不见浑浊的茶汤,只品清香的茶味,只是焖泡久了,会失却碧螺春的清香。

碧螺春汤色浅碧新嫩,香气清雅,饮之齿颊留芳。头酌色淡、幽香、鲜雅;二酌翠绿、芬芳、味醇;三酌碧清、香郁、回甘。"清而且纯",形容碧螺春真是恰到好处!

/茶汤嫩绿明亮

谷雨三朝看牡丹 雨前龙井恰香醇
——赏牡丹、芍药,品龙井茶

谷雨三朝看牡丹

　　谷雨,是春天的最后一个节气,在这暮春时节,著名的花卉牡丹盛开,所以牡丹又被称为"谷雨花"。牡丹是中国的原生花卉,在中国有两千多年的栽培历史,因为牡丹的丰盛,秾丽,象征着和美富足昌盛,喜欢富贵吉祥的中国人一向推崇她。牡丹还带着一种清甜的粉粉的香味,让人闻着就感觉安宁甜蜜,我一直觉得这种香味是很中国的味道,怪不得老祖宗称牡丹为"国色天香"。虽说刘禹锡的"唯有牡丹真国色,开花时节动京城"这两句赏牡丹的诗句最为著名,而李白的"云想衣裳花想容,春风拂槛露华浓"这两句诗更把牡丹的妖娆和美丽刻画得入骨三分。

牡丹在中国不但栽培历史悠久，栽培区域也广泛，但因为其不喜湿热，开花需要一段时间低温，所以在花盛叶茂的南国却不适合种植。

尽管在岭南种不了牡丹，但春天时分花卉市场上经常有"牡丹"切花卖，每每买回一束插在瓶里放客厅。次日清晨，当被闹钟叫醒，万般不情愿起身的时候，推开卧室门，昏昏然中，客厅里一阵粉粉的清甜香味沁入心脾，人会一下子愉悦地清醒。这"牡丹"

/传统绘画中牡丹是常见的题材牡丹图（恽寿平 清）

切花,市场上大家都这么叫,但事实上这些花却往往是芍药。芍药和牡丹光从花型上的确难分,其实中国上古时原无牡丹之名,国人把这一类圆满美丽的花统称为芍药,一直到唐朝武周以后,才把木芍药称为牡丹。也就是说,牡丹是木本,是可以长成两米高大的牡丹树的,但芍药却是不高于1米的多年生宿根草本植物。牡丹在冬天会落叶,但枝干依然挺立,芍药在冬天地上部分会全部死亡,以宿根在地下越冬,春天再重新萌出枝叶。牡

/牡丹,木本

/芍药,多年生草本

丹的叶子绿中带黄，叶背面带点灰色，而芍药的叶子两面都是浓郁的绿色，所以单从这点讲，芍药花叶共赏，比牡丹还要略胜一筹，在花艺作品中用起来也作用更大。《红楼梦》第62回写道：史湘云醉眠芍药丛，芍药花瓣飞了一身。每读到这个美丽场景，都会让人感觉似有甜香萦绕鼻间，忽然想到，也只有柔软的草本芍药才能让憨湘云浑然不知醉卧其中，若是坚硬的牡丹树，恐怕就得折断枝条划伤皮肤大煞风景了。在英文中，至今把毛茛科芍药属的这两种植物统称作"peony"。牡丹的花期在谷雨时分，4月中下旬，芍药的花期大概要晚半个月左右，故又叫它"殿春"，芍药开完春天也尽了。

/ 以芍药为主花的插花（鲁朝辉插制、摄影）

我们现在看到的丰富多彩的牡丹和芍药品种，往往都是花瓣重重，花型丰满，据说历史上有记载的牡丹名品"魏紫"，最多单朵花花瓣多达700多枚，可惜现在已失传。牡丹和芍药的原种，花瓣都不多，仅5～15枚，但它有无数的雄蕊，而每一个雄蕊都有变异成花瓣的潜能，所以我们经常在重瓣花中可以看到一些变了一半的小花瓣，边上还带着花药的痕迹。花瓣越多，雄蕊越少越退化，所以它的结实能力也就退化了。

/花瓣少雄蕊多的原种

/雄蕊变成花瓣的重瓣花

顺便说一下，现在花卉市场上有一种常见的灌木花卉叫野牡丹，其实和野生牡丹不是一回事，它是属于野牡丹科，完全是另一种植物。

据说，精于种牡丹的民间园艺高手，讲究在冬天给牡丹煮一锅鲜美的肉骨汤进补，这样来年的花会更加鲜艳繁盛，没想到丰肌玉骨如贵妃的美人竟然是个"食荤者"。

/ 野牡丹科的巴西野牡丹

雨前龙井恰香醇

谷雨时分,温暖的天气,大自然到处新绿浓艳绽放勃发,让人从身体深处生出一种对绿茶的向往,享用一盏绿色清香的茶汤——总喜欢用春水去称呼它,会让人感到无比欣喜惬意。

绿茶中名气最响者莫过于龙井,虽然绿茶贵新贵嫩,全是嫩芽的昂贵的明前龙井让一些人竞相争购,尤其买来送礼,似乎非明前出不了手,但许多老茶客却常常喜欢买明后的雨前龙井自飨。因为明前龙井虽说鲜香味甘,但芽叶太嫩却

/春天茶芽萌动(刘炜摄)

/透明玻璃杯中的茶汤如春水一般嫩绿

/雨前龙井

也未免使得茶味清淡单纯,那种精致矜贵又让人喝的时候不敢放松,不敢淋漓尽致。而雨前龙井,有芽有叶,香郁味浓有内涵,价格又比较亲民,买来自己喝性价比真心是高。别讲我等小民百姓,据说清高宗乾隆也对雨前龙井情有独钟,《御制诗文集》中有诗提及,在香山静宜园"岂必竹炉陈着相,拾松枝便试煎烹。煎烹恰称雨前茶,解渴浇吟本一家。忆在西湖龙井上,尔时风月岂其赊。"

不管是茶艺师考试还是龙井茶艺表演,包括坊间大小茶馆饭馆,一说到龙井茶,必定是玻璃杯泡了端上,其意都是为了观赏芽叶的姿态和汤色,殊不知即使你用了80度左右的水冲泡,一玻璃杯龙井茶要晾到可入口的温度,茶叶在热水中还是浸泡久了,早已失却了最鲜爽的滋味。所以,不如用盖碗来冲泡,待显色出味后,及时出汤至公道杯,可以保持茶汤鲜爽。

一般可选用瓷盖碗,对体现龙井的香味滋味相当不错,当然如果从观赏角度出发,选用玻璃盖碗也未尝不可。泡绿茶,水温一般控制在

/玻璃盖碗冲泡龙井
(赵云汉摄影)

/出汤于公道杯(赵云汉摄影)

75—85度，视茶叶的老嫩，雨前龙井80度水差不多了。曾见过日式茶会，茶人在水屋准备茶水时，温度计、量杯、定时器齐上，像做实验，不过出品的茶汤倒是的确整齐划一。但我们平时泡茶不可能随时用个温度计测量水温，既不方便也觉得有失雅趣，掌握水温全凭经验，初学泡茶的人很难掌握，这时浸润泡就显得很重要了。所谓浸润泡，就是先用少量水浸没茶叶，等茶叶舒展，汤出颜色了，再正式冲泡。因为水量少水温容易降下来，所以即使水温过高，浸泡时间略长，茶叶也不会被焖黄出现熟汤味，而且这个时候，闻香最好（如果泡的是比较粗老的绿茶，这浸润泡的水还可以作为洗茶倒去不喝）。

龙井茶属于绿茶中的扁炒青，传统上龙井只产在杭州，根据产地分为狮峰龙井、梅家坞龙井、西湖龙井，现在杭州周边地区也普遍种植和生产龙井茶，这种扁炒青被称为浙江龙井。尽管浙江龙井算不上是正宗的龙井，但因为其栽培的环境以及品种都不错，所以上品者也相当优质，而价格却比正宗的西湖龙井便宜不少，受到许多老茶客的欢迎。龙井茶向来以"色绿、香郁、味甘、形美"四绝著称，正宗的西湖龙井其实并

/少量水润茶
（赵云汉摄影）

不特别绿,而是带点"糙米黄"的黄绿色,反而浙江龙井要绿一些,这也是区别两者的最直观的特征。龙井的香味专业的说法叫栗香,但民间一般称"豆花香",是一种类似炒香了的粮食的香味;它的滋味甘醇鲜爽,几乎无苦涩味。古人赞誉龙井茶:"甘香如兰,幽而不冽,啜之淡然,看似无味,而饮后感太和之气弥漫在齿颊之间,此无味之味,乃至味也。"许多茶人对龙井都会有这样的感觉:初学喝茶时,为龙井的香郁和甘醇所陶醉,渐渐喝茶口味重了,会觉得它太淡,喝起来不过瘾,但当喝茶越喝越多,品尝了各种茶味后,许多人的味觉开始返璞归真,又重新欣赏起龙井的"太和之气",真正感觉到什么叫无味之味乃至味也!喝茶如此,人生也如此啊!

/浸润开了再正式冲泡(赵云汉摄影)

夏日

立夏春尽蔷薇香 温和甘醇试黄芽
—— 赏蔷薇，品霍山黄芽茶

立夏春尽蔷薇香

立夏一般在每年的公历5月初，这大概是全国各地一年当中最舒服的天气了。气温越来越高，但早晚依旧凉爽，新竹初成，绿荫渐浓，青梅如豆，樱桃溜盘，新荷初展，花开次第，萱草、米兰、茉莉、栀子，广玉兰、白兰花、蓝花楹、凤凰木、山指甲——初夏盛开的花真的很多，但最诱人的让我心心念念的莫过于那"不摇香已乱，无风花自飞"的蔷薇。

这里说的蔷薇不是普遍意义的蔷薇属花卉，而是特指这个属中的那些藤本多花的品种，是野蔷薇的变种。江南地区，常在野外可以见到野蔷薇，初夏时分，满株白花，单瓣，但香气浓郁，是那种蜂蜜般的清幽甜香。如果蔷薇丛正好长在河边,枝条垂临水面,花期满枝白花倒映水中,芳香扑鼻,更是美不胜收。有心的人会择晴天采下花朵,晒干,可入药泡茶,清暑和胃止血,那个新发的嫩嫩的枝条,剥了皮还可以嚼着吃,清甜略涩。犹记得小时候的校园里,角落河边都有成丛的野蔷薇生长,课间,和小伙伴们玩耍采下几朵野蔷薇花,

/"七姐妹"蔷薇(姚雷摄影)

/江南野外常见的野蔷薇(姚雷摄影)

/蔷薇盛开的拱门和小径（姚雷摄影）

/蔷薇花篱

夹在课本里,上课时偷偷嗅吸一下香气,只觉得再无聊的课都变得美好起来。

野蔷薇有几个园艺变种,粉色、白色、红色、黄色皆有。栽培最多的莫过于叫"七姐妹"的粉花品种。每年5~6月间,各地园林中,常见有枝繁叶茂,芳香扑鼻的蔷薇花篱、拱门和花架。走过两边开满蔷薇的小径,衣袂都沾染上了花香,颇有些"弄花香满衣"的感觉啊!

/ 可以攀爬到二层楼高的红蔷薇(张少敏摄影)

/满架蔷薇一院香（郝珊珊摄影）

在四季分明的地区，蔷薇很容易栽培，春天雨季，剪下半木质化枝条很容易扦插成活。蔷薇喜光但也耐半阴，不择土壤，生长强健。贴墙种，它是可以攀爬到二层楼高。

总梦想如果自己有一个花园，我要把入口的拱门种上蔷薇，把篱笆围墙也都换成蔷薇，带刺的枝条有防卫作用，满墙的花朵更是赏心悦目啊。当然院子里如果有个花架，那蔷薇也必须是首选的架上花卉。自古吟咏蔷薇的诗词很多，我却独喜欢唐人高骈的那首"绿树阴浓夏日长，楼台倒影入池塘。水晶帘动微风起，满架蔷薇一院香"。试想一下，漫漫夏日午后，昏昏欲睡间，风吹帘动，送来清幽蔷薇花香，可不是让人精神一振，花架下，放上一几一椅，泡上一壶茶，那个惬意更不用说了。

温和甘醇试黄芽

立夏过后,南方一日比一日湿热,好茶之人喝普洱嫌其色浓,岩茶嫌其火重,新上市的绿茶倒是清香爽口,但其刺激性大,脾胃虚弱也不敢多喝,手头恰有师妹新寄来的霍山黄芽,正好试试。

/霍山黄芽(赵云汉摄影)

霍山黄芽属于黄茶,黄茶最初据说是在炒制绿茶过程中,干燥不足或不及时而导致芽叶黄变所产生的新品种。在制作过程中,黄茶比绿茶多了一道工序——闷黄,属于轻发酵茶,因为这道工序,使得黄茶比绿茶少了些些苦涩刺激,而多了些甘醇温和,对脾胃虚弱的人来说更为合适。红楼梦中的贾母颇懂养生之道,她不

/盖碗冲泡霍山黄芽茶

喝当时很流行的六安瓜片（绿茶），而喜欢老君眉，这老君眉就是著名黄茶君山银针的前身。

　　霍山属于大别山脉，旧时属淮南道寿州。这里气候温和，云雾缭绕，雨水充沛，极适合茶树生长，自古就盛产好茶。霍山黄芽源于唐朝之前，《史记》称："寿春之山有黄芽焉，可煮而饮，久服得仙。六霍旧寿春故也。一曰仙芽，又称寿州霍山黄芽。六安州小岘春，皆茶之极品，明朝始入贡"。可见霍山黄芽盛名已久，只是它曾一度失传，1971年才被重新挖掘、研制恢复生产，产量不高，知者也不广。霍山黄芽采嫩芽制成，形似雀舌，干茶黄绿色，叶底嫩黄明亮，一般不熟悉茶的人，往往将其误以为绿茶。泡饮黄茶可仿效绿茶，用盖碗，85度左右的水温，有些没经过揉捻的黄茶，冲泡时间可以略长至3～5分钟。霍山黄芽冲泡后，隐约有兰花幽香，茶汤滋味虽不及绿茶鲜爽，但醇和，回甘好。嗅吸着蔷薇花香，呷一口甘醇的黄芽茶，整个人的感觉就是无比的妥帖加惬意啊。

端午时节话菖蒲 香浓馥郁赏昔归
——赏菖蒲,品昔归普洱茶

端午时节话菖蒲

话说端午时节,民间一向有习俗,要在门上悬挂菖蒲和艾叶,这是因为端午时气候湿热,各种病菌害虫滋生活跃,菖蒲和艾叶都有特殊香味,能辟秽开窍,解毒杀虫,所以古时端午节这天,家家户户都要把从田野采回的艾蒿、菖蒲悬挂在门户上,有的用艾叶、菖蒲、大蒜烧水洗澡并喷洒房前屋后,或用艾叶或菖蒲浸制药酒饮服。一些地方的人还喜欢将艾叶、菖蒲研成末,包上布,制成香包(又称香袋、香囊)佩饰,以其香气避免虫菌侵扰。端午节用的菖蒲,叶长约1米左右,叶形如剑,常生长在水边泥地别名又叫泥菖蒲、香蒲、山菖蒲、大菖蒲。

/艾叶与泥菖蒲

和菖蒲同为天南星科的另有一种株型较小,叶长不过一尺,常生长在溪流水石之间的石菖蒲就是自古被文人雅士奉为清供的花草四雅中的蒲草(另三雅是水仙、兰花、菊花)。还有一种常种植在水池边的开美丽花朵的鸢尾,也常被人称为菖蒲,但它属于鸢尾科,完全不是一类植物,切勿混淆。

/花菖蒲(鸢尾)

石菖蒲清秀雅致，喜欢洁净的水石环境，有淡雅清幽的香味，耐寒，四季常绿，因此其品性被归结为"忍寒苦，安淡泊，伍清泉，侣白石"，自古为文人雅士所喜爱。

石菖蒲自西汉被自山林移植到园林，到了唐宋，被广泛盆栽置于文人雅士的案头赏玩清供。在古代，文人们时常秉烛夜读，菖蒲可以为他们起到收烛烟，护目的功效，而且折一段叶子闻闻香气，亦有提神清脑的作用。文人爱"菖蒲有山林气，无富贵气。有洁净形，无肮脏形，清气出风尘以外，灵机在水石之间，此为静品，此为寿品"。以前，蒲草

/长于山洞石缝里的野生石菖蒲

只是作为私人玩物,在朋友间作为清雅的礼物互相馈赠,谈种植、谈文化,唯独不谈价格行情。作为清雅的文玩盆栽,蒲草在中国大陆曾经消失了几十年,近几年,又突然火了起来,文人雅集,茶席琴桌,不置一盆蒲草似乎就不够雅致。现今市场上,小小一盆普通的"虎须"、"金钱"蒲,动辄几十上百元,好一点品种的日本进口的姬菖蒲,金叶品种,则更是昂贵,有人因此而攀比炫富,实在是失却了玩蒲草的初心。

掌握了规律,石菖

/金钱菖蒲

/金边菖蒲

/虎须菖蒲

蒲其实很好养。最简单的养法：得一丛石菖蒲后，将根原带植料洗干净，选一雅致不漏水的盆，用花卉市场购得的小石子鹿沼土等定植，灌以清水，置于通风半阴处，水少了添置些即可。等掌握了诀窍，则可以附石覆青苔作水石盆景。古人将农历四月十四定为菖蒲的生日，"四月十四，菖蒲生日，修剪根叶，积海水以滋养之，则青翠易生，尤堪清目"。菖蒲还有自己的月份，农历五月被称为蒲月。在这四、五月，端午前后，菖蒲生长旺盛，不妨将它整个修剪剃头，重长出的叶子会更细短更密集。酷暑夏日则要注意通风遮荫，不宜修剪。

/ "侣白石"的石菖蒲

/ 做盆景的石菖蒲

香浓馥郁赏昔归

如果有人问我最喜欢喝什么茶,一时真很难回答,因为随着时间空间的转移,季节环境的不同,以及心情和身体的异动,我对茶的爱好也会发生变化,但仔细想想,还是有几种茶会时不时地特别想喝,昔归生普就是其中一款。

第一次喝昔归茶,是一位前辈从云南茶山带回来的新茶,用盖碗冲泡,出汤时就闻到了一种独特迷人的香气,那是种高扬的,带点粉粉甜味的香气,甚至是有点妩媚的感觉,金黄清亮的茶汤,初入口有点涩,但很快回甘,甚至十几泡后,依然香气十足并且带出了冰糖似的口感,水路细腻并伴随着浓强的回甘与生津,而且口

/ 昔归茶

腔留香持久。太美妙了，真的是可以用"惊艳"两字来描述那种品尝的感受。"饮于喉而悦于心神；古茶之神韵，观于眉目而萦纡梦寐。"即是描写昔归古树茶的两句文句。

昔归普洱茶，产于云南省临沧市临翔区邦东乡境内的昔归村忙麓山，古时又称忙麓茶。忙麓山是临沧大雪山向东延伸靠近澜沧江的一部分，背靠昔归山，向东延伸至澜沧江，山脚便是归西渡口（原嘎里古渡）。昔归古茶园多分布在半山一带，混生于森林中，茶树龄约 200

年。昔归茶,属邦东大叶种,叶子狭长呈柳叶状,比一般的大叶种茶树要小一些。因为当地的习惯每年只采春茶和秋茶两季,所以茶树保护得比较好,茶质比其他村寨要好得多。昔归的产量很低,它的高品质让它很快被人追捧,这两年价格高得离谱。每每喝着前两年存下的昔归茶,蛮有土豪的感觉。对普洱茶我一般不追山头,总是说品质好,性价比高的普洱茶都值得购买收藏,但独独对昔归我是有一份执念

/香气高扬的昔归茶(赵云汉摄影)

的，每年春天都会少量求购一点存着，想着等老了哪里也去不了的时候，至少还有喜欢的昔归老茶伴着我，共赏人生的夕阳。

冲泡如昔归这样香气高扬的茶，还是用高密度的瓷盖碗更合适。泡茶过程中，时时嗅闻昔归茶的香气，乃一大享受也。初时，滚水烫过的盖碗，立即投入昔归茶，干香被热热的碗壁熏蒸出来，嗅闻干茶香；沸水冲入茶中，香气随热气腾出，嗅闻开汤香；分茶入杯，茶入口前，先对着杯子深吸三下，嗅闻杯面香；茶汤入口，如咀嚼漱口后徐徐咽下，感觉齿颊留香；饮罢别忘了再欣赏一下杯底香，尤其是残留在公道杯底的香味，更是让人心旷神怡，回味无穷。端午时节，湿热渐重，人常会觉得湿重憋闷，最适合饮用如昔归这样的高香茶，以芳香化湿，让自己理气开窍。

/金黄透亮的昔归茶汤

梅雨季节茉莉芳 沉水窨成换骨香
——赏茉莉花，品茉莉花茶

梅雨季节茉莉芳

每年六月中旬，江南就开始了淅淅沥沥的雨季，因为在梅子成熟的季节，所以叫"黄梅天"。我其实挺讨厌这个季节，就像广东三、四月份的"回南天"，到处都是湿嗒嗒的，一不小心，皮鞋皮带皮包还有墙上都长出霉花，长居北方的朋友一定无法想象那个可怕劲，故而江南人又把"梅雨"称为"霉雨"。幸亏这个季节除了霉菌容易生长外，花草树木也长得格外旺盛，雨水把叶子冲刷得干净莹润，江南的街头开始有花农提个竹篮，摆售几种香花：茉莉、栀子、白兰花，这几种香花都是白色的，花农常把茉莉、白兰花用铅丝穿成手环或襟花供

人穿在纽扣洞佩戴,栀子则绑成一束,花太大只能插瓶里了。闻着这些花的香味,在气压低,让人感觉憋闷的梅雨季节,顿觉精神一振,心旷神怡起来。

相比较栀子、白兰花浓郁到有点霸道的香味,我更喜欢茉莉,清清悠悠的甜香,香而不妖,沁人肺腑。茉莉并不是我国原产,但早在

/茉莉花开

西汉时,茉莉就从印度传入福州,距今已有近2000年的栽培历史。南宋福州人郑域的《茉莉花》一诗中"风韵传天竺,随经入汉京"就是此意。西汉著名政治家、文学家陆贾的《南越行记》中也记载着茉莉"南越之境,五谷无味,百花不香。此二花特芳香者,缘自胡国移至,彼之女子,以彩丝穿花心,以为首饰"。南越即现今岭南一带,那时的人们就开始把茉莉花用丝线串成环佩戴于身,与两千年后的今天并无大异。茉莉因为她宜人的芬芳自古广受人们喜爱,诗人赞它玉骨冰肌,轻盈雅淡,花开时香风轻度,翠叶柔枝。

茉莉喜欢温暖湿润的气候,所以南方广为种植。闽粤两地,茉莉花期可从春天一直到秋天,江南地区则是6月至9月,花期相对较短,而

/水插茉莉

且冬天需要采取防冻措施。从花卉市场上买来的盆栽茉莉，都是枝繁叶茂，花团锦簇，但多数家庭种了一段时间后，便变得花叶稀疏不再开花，那是因为多数人都不知道茉莉是特别喜欢肥水并且需要重修剪的植物。茉莉一年能多次抽梢、多次孕蕾、长期开花，因而需肥量很大，保持盆土有充足的肥力，这是茉莉开花多的重要保证。一般用腐熟的有机液肥，比如腐熟的黄豆水，粪水等，不过家庭用这些肥水气味就不太好了，还是用市售的颗粒肥或营养液吧，注意一定要是富含磷元素的花果肥。一般新梢开始萌发时，每隔7天给肥1次。快开花时，每3天施肥1次。待第二、三批花开放时，由于气温适宜，开花多，生长旺盛，可1-2天追施1次。入秋开第三批花后则要逐渐控制肥水，以免植株旺长，组织柔嫩，难以过冬。除了重施肥，茉莉还应该在每一批花后狠狠地修剪，促使它发出粗壮的新枝孕育新一批花蕾，种花老手都知道，做不好剪刀手的人就种不好花，很多人种花都舍不得下重手修剪，以至于枝条越来越弱，花越开越少。茉莉以3~6年生苗开花最旺，以后逐年衰老，更应及时重剪更新，修剪下来的枝条可以扦插培育新苗或作为插花中的配叶。在春天孕蕾前如新枝生长很旺，在生长达10厘米时还要摘心，促发侧枝，则开花较多，且株型紧凑，观赏价值更高。

沉水窨成换骨香

梅雨季节湿热气压低，经常让人感觉憋闷不舒服，这个时候最适合饮用芳香的茉莉花茶，因为茉莉花所含有的挥发物质能芳香开窍，理气宽胸，热热的喝一杯，顿时让人舒服不少。

福州作为中国宋朝六大都市之一，中国最早贡茶的地区之一，同时也是茉莉花的主产地和香疗法的中心之一。于是早在距今已有1000多年的宋朝，盛产茉莉和茶的福州应香茶热潮流，结合产生了著名的福州茉莉花茶。只是，茉莉花茶在当时仅是文人雅士自给自足或友人间馈赠的风雅产物，一直到清朝，茉莉花茶才作为商品大规模生产。窨制茉莉花茶一般选用烘青茶胚，也有用白茶来窨制的。白天采摘来的大批含苞欲放的茉莉花蕾，入晚开放，待花半开呈虎爪形，吐香正浓时，将其掺入绿茶中窨制，这个"窨"字，音义皆通"熏"，专门用来指窨茶。待鲜花香气被吸尽萎缩时除去花朵，烘干茶胚，再用鲜花复窨，如此再三而成，

/鲜茉莉花入茶

最后，还要加少量鲜花提香，增加茶的鲜灵度。最好的茉莉花茶要有七窨一提，窨1斤茶要六到七斤茉莉花。因为茉莉花初开时正值南方雨季，此时的花香气不浓，要等盛夏开第二批花时，俗称"伏花"窨制的茉莉花茶味道才好，所以，每年茉莉花新茶上市经常在7、8月份。

茉莉花盛产在南方，所以茉莉花茶也盛产在南方，主要是福建、江苏苏州，以及四川。也许因为南方茶叶种类多，南方人选择也多，所以茉莉花茶在南方反而饮者不多。京津山东等地，以前因为水质不好，而茉莉花茶相对绿茶等对沏茶的水质要求不高，因而花茶成为北方人常饮的茶类，北京人直接把茉莉花茶称为香片。

另一个盛产并喜欢喝茉莉花茶的地方就是四川，川人爱蹲茶馆，不管是摆龙门阵还是搓麻将，一进茶馆，多数叫一份茉莉花茶，用盖碗沏之，茶博士用细细的长嘴壶，远远地就能把水注入盖碗，那技艺令外乡人叹为观止。

市场上现在最常见的茉莉花茶是福建产的，常做成各种工艺茶，什么茉莉龙珠、茉莉绣球、茉莉葫芦等，除外，四川、苏州都出产高品质

/茉莉凤眼

/茉莉龙珠

的茉莉花茶。以前做茉莉花茶的茶胚多数是中下等的烘青绿茶,一般用90℃水冲泡就合适。最近几年,大受市场欢迎,有种产于四川峨眉山的茉莉芽茶,叫碧潭飘雪。制作时挑晴日午后,摘雪白晶莹、含苞待放的茉莉花蕾,赶在开放前摘花,再以上等绿芽茶精心窨制。发水泡之,那叶似雀舌,汤呈青绿,清澈透明,茉莉花舒展漂浮水面如点点白雪,清秀雅致,故名"碧潭飘雪",此茶不仅醇香可口,更有极高的观赏价值,最宜用玻璃盖碗冲泡之。

/既香又美的碧潭飘雪(赵云汉摄影)

月钩初上紫薇花 冰沁荔红肌无汗
—— 赏紫薇花，品冰泡荔枝红茶

月钩初上紫薇花

话说紫薇是属于千屈菜科的，这个名字读着挺拗口，尤其另外有一个科名叫紫葳科（大家熟知的凌霄花是紫葳科），别名：痒痒树，因为用手指轻轻在树皮上抓挠，叶子小枝就会无风抖动，就像怕痒的女孩被呵痒痒了，笑得浑身抖动一样。紫薇树姿优美，树干光滑洁净，花色艳丽，是观花、观干、观根的盆景良材。紫薇盛花在6～9月，正当盛夏少花季节，花期长，故有"百日红"之称，宋代杨万里有诗："似痴如醉丽还佳，露压风欺分外斜。谁道花无红百日，紫薇长放半年花。"又有"盛夏绿遮眼，此花红满堂"的赞语。不过我小时候经常管它叫"木耳花",因为它的花瓣皱褶如木耳的状态,仔细看,真的是很精致。在中国民间有一个关于紫薇花来历的传说:在远古时代,有一种凶恶的野兽名叫年,它伤害人畜无数,于是紫微星下凡,将它锁进深山,一年只准它出山一次。为了监管年,紫微星便化作紫薇花留在人间,给人间带来平安和美丽。传说如果家的周围开满了紫薇花,紫薇仙子将会带来一生一世的幸福。

唐玄宗开元元年(713年)破天荒的将自古以来掌管文秘机要、发布政令的要害官署中书省,更名为紫薇省。以花名做官署名在中国历史上是绝无仅有的,极为特殊。这与当年中书省官署多种紫薇,以及当朝皇上笃信紫薇压邪扶正有关。在紫薇省为官者也就自然冠上紫薇的雅号,如中书令谓

/江南夏天处处可见的紫薇树

之紫薇令，中书侍郎则称紫薇郎，听着别有一番风雅的味道。唐代诗人白居易曾任中书舍人，写有三首咏紫薇诗，最著名的是这首："丝纶阁下文书静，钟鼓楼中刻漏长。独坐黄昏谁是伴？紫薇花对紫薇郎。"生动地写出了自己值班时的景况。杜牧也做过中书舍人，也是紫薇郎，其赞紫薇诗曰："晓迎秋露一枝新，不占园中最上春。桃李无言又何在？向风偏笑艳阳人。"他以物咏情，借花自誉，人尊其为杜紫薇。

/ 银薇

/ 紫薇原种

紫薇的原种当然是紫色，但也有白色花的变种叫银薇，还有蓝紫色花的变种叫翠薇。紫薇冬天会落叶，但光滑树皮，线条优美的枝干也很有美感。大花紫薇整个比紫薇叶、花大2~3号，每年春天新叶冒出及春末夏初开花时有一种南国美人热辣辣的美，但一到秋天整个树形就松散开来，叶子也灰蒙蒙地耷拉下来，显得粗糙得很，完全无法和紫薇小巧精致的美相比。

/翠薇

/大花紫薇

冰沁荔红肌无汗

紫薇花开的时候，也到了荔枝上市的季节。每年荔枝季节，家里常常有来不及吃的新鲜荔枝，把它们在冰箱里冻起来。有天忽然来了灵感，拿出冻荔枝做冷却的冰块，来试着泡冰红茶，请同事和几个西方留学生喝了，结果大受欢迎，都说好喝。

方法很简单：选用滇红或小种红茶，滇红似乎更有花香味，而小种红茶则带有果的甜香，个人觉得这两种茶的味道和荔枝都比较搭。红茶用沸水在大壶中泡好，因为是调饮红茶，可比清饮泡得略浓，在另一个壶中放入剥好的冰冻荔枝和少许白糖（蜂蜜也可，但蜂蜜有时会使茶汤浑浊），趁热注入泡好的红茶汤，

/滇红（赵云汉摄影）

/正山小种（赵云汉摄影）

冰冻的荔枝，在滚热的茶汤的冲击下，融化并渗出果汁的甜香，等手触壶壁有整个都变冻的感觉，就可以倒入杯中饮用了，杯里面加多1、2个冰冻荔枝口感会更好，而晶莹剔透的荔枝肉也给人美丽的观感，喝上一口，暑热顿消，真是冰沁荔红肌无汗啊。

/冰冻的荔枝（赵云汉摄影）

/滚热茶汤注入冻荔枝壶内（赵云汉摄影）

/茶汤凉后注入杯中,杯中可放1~2个冻荔枝(赵云汉摄影)

盛夏赏荷别样红 碗泡香茶正消暑
—— 赏荷花、睡莲,品安吉白茶、香莲茶

盛夏赏荷别样红

盛夏,最著名的花莫过于荷花。荷花,睡莲科挺水花卉,别名莲花、芙蕖、芙蓉、菡萏、藕花。据说,它是一种非常古老的花卉,亿万年前就出现在地球上。其实早在明朝就有古莲发芽开花的记载,据明人著《北游录记闻》(卷五十五)记述:"赵州宁晋县有石莲子,皆埋土中,不知年代。居民掘土,往往得之数斛者,状如铁石,肉芳香不枯,投水中即生莲。"

我国是世界荷花重要的原产地之一,荷花文化灿若星河,源远流长。有关荷花,中国历代的文人雅士有着无数的溢美之词,早春荷叶初展,"小荷才露尖尖角,早有蜻蜓立上头"。盛夏,更是"接天莲叶无穷碧,映日荷花别样红",到了秋冬,还能"留得残荷听雨声",中国文人的含蓄的浪漫在诗句中表达的淋漓尽致。荷花的出淤泥而不染的品质,也使得它一直成为中国文人雅士心目中的君子之花。

荷花栽培历史悠久,千百年来形成了许多品种,红黄白

/古莲子(图片来自网络)

/百年好荷鸳鸯画(清 吴观岱)

/小荷才露尖尖角(章胜贤摄)

/接天莲叶无穷碧,映日荷花别样红(章胜贤摄)

粉都有单瓣和重瓣品种,还有杂色的。

夏日里漫步在西湖,十里荷花清香醉人,欧阳修在《采桑子》一词中写道:"荷花开后西湖好,载酒来时,不用旌旗,前后红幢绿盖随。画船撑入花深处,香泛金卮,烟雨微微,一片笙歌醉里归。"

不过,比起赏花我似乎对荷的利用更有兴趣。莲子、藕可食用实在是很家常,夏日里,江南人家的餐桌上,藕丝藕片藕尖经常见,这是用的嫩藕。等西风起,藕老了,挑粉粉的品种,煲上一锅排骨,在秋天的寒风中,

/并蒂莲

吃上一碗，真的是暖到五脏六腑。至于莲子糖水，桂花糖藕更是我的心头好。

　　除了莲子与藕，我最喜欢用的还有荷叶。江南水乡的人，荷叶在日常生活随处可见随处可用。不爱带雨伞戴草帽的孩子们，随手扯一张荷叶顶头上，遮雨挡太阳；家庭主妇上菜场，在没有塑料袋的岁月里，鱼贩们会随手用一张鲜荷叶，裹着鱼虾递给你，吸着熟悉的荷香，鱼虾们会更久地鲜活着；中国人在食物蒸煮中，也常常利用荷叶包裹，平凡无奇的食物，一经荷叶包裹，染上荷香，立马变得有气质高大上起来。

　　在荷叶上倒上酒，通过荷叶梗的小孔滴入杯子，成为荷叶酒；

/ 莲蓬（章胜贤摄影）

/ 残荷

/西湖荷花（章胜贤摄影）

/桂花糯米糖藕（赵云汉摄影）

/龙眼莲子糖水（赵云汉摄影）

荷花熏茶，更是古时文人雅士喜闻乐见的赏心悦事。明代茶学家顾元庆在《茶谱》中详细记载了荷花茶的制作过程："于日未出时，将半含莲花拨开，放细茶一撮，纳满蕊中，以麻皮略絷，令其经宿。次早摘花，倾出茶叶，用建纸包茶焙干，再如前法，又将茶叶倾入蕊中。如此者数次，取其焙干收用，不胜其美。"清代大才子袁枚，不但自己制作荷花茶，还让僮仆收集清晨荷叶上的露水，来烹煮荷花茶，这种茶别说喝，就是想象一下也是齿颊留芳啊。听闻杭州的茶友，现在每年夏天荷花盛开的时候，都会仿古人自制荷花茶，三五知己，清茗探荷，好不惬意，令人羡慕！

碗泡香茶正消暑

一般如果说起大碗茶,大家都会觉得是一种粗茶,殊不知以前江南有一些"老克腊"还专门讲究用大碗冲泡细嫩的芽茶,一是取"茶极细,器极粗"对比审美,二是因为敞口大碗,水温容易降下来,不至于因为长时间高温把茶嫩芽焖黄产生熟汤气,观赏美丽的芽叶起来也直观。

/安吉白茶(赵云汉摄影)

/黑釉木叶盏泡安吉白茶(赵云汉摄影)

自从遇见安吉白茶,我每年春天必买的新茶便改成了它。安吉白茶名曰白茶,其实是绿茶,原产在浙江著名的竹乡安吉,这是一种茶树的白化变异品种,每年 5 月份以前的新芽叶,叶绿素含量低,芽叶呈淡绿色,故名。安吉白茶因为其氨基酸含量特别高,茶多酚含量反而低,所以喝起来格外鲜爽甘醇不苦涩,特别适合女士口味。

找一个民国瓷碗,在炎炎夏日,泡一碗大碗茶,用勺如分汤那样分茶,基本做完这套程序,茶汤也降到了适口的温度。如果用一个大大的黑釉建盏或者木叶盏来泡,更是能衬托出白茶浅绿细嫩的芽叶,从另一个角度去感受一下宋人说的:"茶要白,盏要黑"的境界。

/ 碗泡安吉白茶
(赵云汉摄影)

用碗也特别适合泡花草茶，现在市场上有一种香莲茶，是一种食用的睡莲品种。睡莲和荷花同为睡莲科，但其叶子不似荷花挺立于水面之上，而是漂浮在水面，故称浮水植物。睡莲的叶子和花都较荷花小，颜色多样有红、紫、黄、蓝、白等多色。原产台湾的九品香莲，是一种花朵特别大，清香扑鼻的品种，除了观赏，还能泡茶、炖汤喝，粉粉的清香味极其诱人。

/干制的香莲茶

泡香莲茶，要用大一点的玻璃壶或者干脆用大碗，才能让花瓣充分舒展，沸水冲下，看干燥的香莲重新吸水慢慢绽放，清幽的香气缓缓飘出，真是令人暑气顿消。

/碗泡香莲茶

秋日

寂寞梧桐锁清秋 初秋润燥老白茶
——赏梧桐，品白茶

寂寞梧桐锁清秋

梧桐，为梧桐科高大落叶乔木，因为皮色青翠光滑，又名青桐、碧梧，原产咱们中国，大概是我国有诗文记载的最早的著名树种之一了。《诗经》中《大雅·生民之什·卷阿》有"凤凰鸣矣，于彼高冈。梧桐生矣，于彼朝阳"之句，成为梧桐引凤凰传说的最早来历。据说"凤凰非梧桐不栖，非竹实不食"，因而古人常在园林中种植梧桐青竹，取引凤之意。文人的诗画作品中也常将梧桐作为描画对象。

/梧桐双兔图(清 冷枚)

传统上，梧桐树常栽植在庭前、窗前、门侧、行道旁。明代所建的苏州著名私家园林拙政园有"梧竹幽居亭"景点，旁植梧桐、翠竹。梧桐枝干挺直，冠盖如云，夏天给人一种特别的清幽。梧桐木材轻软，为制木匣和乐器的良材，古书中只要出现好琴，几乎都是梧桐木做的。梧桐的花小小的如枣花，梧桐结的果称葶荚果，裂开如小艇状，里面有豆粒状种子，可以炒了当零食吃。梧桐树还有一种广泛的日常用途，它的木材刨片可浸出黏液，称刨花水，可润发，以前的女人梳头经常会用梳子蘸着刨花水将头发梳的溜光。现在想来这岂不是环保天然的头发定型水？

/梧桐（树皮绿色故又名青桐）（张少敏摄影）

现代我们说起梧桐,很多人会以为是另一种"法国梧桐",其实这两种树完全风马牛不相及。法国梧桐植物学上叫三球悬铃木,悬铃木科落叶乔木,原产欧洲。20世纪初,它被法国人引种在上海法租界内,大量当作行道树,没太搞清楚的上海人,因为其叶型挺像梧桐,又被法国人引种那么多,于是就叫它法国梧桐了,简称梧桐树。在中国种植

/青桐的花

/青桐的果

的还有一球、二球悬铃木，分别被称为美国梧桐、英国梧桐，这个"球"，指的是它的枝条上经常有几个球形头状果序。

悬铃木因为生长迅速抗污染力强，近百年来在长江流域及以北的城市大量种植，南京的中山陵附近、上海的淮海路（霞飞路），都因为高大、参天蔽日的悬铃木而成为著名的林荫大道。

/青桐的种子

/悬铃木

/围绕美龄宫的"悬铃木"项链(图片来自网络)

/交大校园悬铃木秋叶(卜嘉伟摄影)

因为悬铃木生长迅速,叶大荫浓,广被种植,结果真正的中国梧桐反不被人广而知晓,甚至越种越少了。

悬铃木和中国梧桐尽管叶形相似都是掌状分裂,但梧桐树皮青色光滑,而悬铃木树皮灰绿斑驳,即使落光了叶也很容易辨认。

/悬铃木斑驳的树皮

初秋润燥老白茶

白茶全国产量不多,主要产自福建福鼎太姥山一带,那里生长着一种小乔木型的茶树品种,叶肉厚、软、茸毛

/白毫银针

多，芽头壮，这就是福鼎大白茶。白茶的制作工艺古朴天然，采下芽叶后，不炒不揉，适当摊晾，萎凋，在这过程中，茶叶微微发酵并散发香气，然后晒干或者焙干。只采一个芽头制成的白茶为上品，名白毫银针，一芽一叶者叫白牡丹，再粗老一点的就叫寿眉或贡眉。

白茶由于加工程度轻，保留了大量的茶多酚等有效物质，现代医学证明，白茶有良好的抗氧化性，能提升免疫系统，防御癌症。当地老百姓自

/寿眉老茶（赵云汉摄影）

/白牡丹茶饼

古以来就把白茶作为清火解暑退热的良药。白茶和生普洱一样，储存年份越久，茶味越是醇厚香甜，药用功效也越强，素有"一年茶、三年药，七年宝"的说法。当年的新白茶往往比较寒凉，适合夏天喝，清火消暑。好的新白茶有毫香，同时夹杂着清甜味和青草气，比较淡雅鲜爽。白茶储存条件和普洱不一样，需要密封，在良好的密封条件下，储藏经年的白茶，香气浓郁如花蜜香带点药香，汤味变甜，汤色也由新茶时的杏黄变深变红。清火又滋润，最适合秋燥的气候。

白茶可以用盖碗或紫砂壶冲泡，老白茶如果煮饮，则能更好地释放有效物质和香气。立秋过后天气干燥，人也容易上火，这时煮上一壶浓浓的老白茶，放凉些些，调饮些蜂蜜，可以说是老少皆宜的秋日养生饮品。煮白茶当然可以用高大上的铁壶和银壶，我却独爱用玻璃壶，只为观赏渐变渐浓的汤色。

/银壶煮老白茶

/玻璃壶煮老白茶（赵云汉摄影）

稻花香里说丰年 白露还品白露茶
——赏稻花,品台湾金宣茶

稻花香里说丰年

九月迎来了昼夜温差很大的一个节气——白露,这个美丽的节气名,总让人联想翩翩——《诗经》中,"蒹葭苍苍,白露为霜。所谓伊人,在水一方。"多么唯美的画面啊!

白露时节,暑气逐渐消逝,天气慢慢转凉,夜间气温已经达到水汽凝结成露的条件,露水在清晨的田野上晶莹剔透,因露珠呈晶白色而得名白露。我国大部分地区出现秋高气爽、云淡风轻的宜人天气。这个时候,开花的植物不少,但仔细想想似乎也没有哪一种是这个季节特有的,紫薇，茉莉，茑萝，蜘蛛兰等，貌似都是从夏天一直延续开到现在的，怪不得民间有谚语说："白露的花，有一搭无一搭"。意思是说，这个时节开的花，没有也行，有也行，可有可无。其实，白露这个季节，还是有一种比较特殊应景的花的，只是"此花不入谱"，也只有有心人才会说"岂是凡花匹"，这两句诗是宋朝诗人连文凤赞美稻花的。白露季节，正是晚稻花盛开期，农人说"白露看花，秋后看

/草木也开始在清晨时凝结成露滴（张少敏摄影）

/金黄色的稻田

稻",就是说,白露时分稻花开得好,秋后收成就好。农人们看重的是秋后收成,而文人们看稻花则又是另外一份情怀,辛弃疾的《西江月·夜行黄沙道中》"明月别枝惊鹊,清风半夜鸣蝉。稻花香里说丰年,听取蛙声一片。"一下把稻花变得文艺起来。

到了当代,还有一人把稻花香的景观提到了新的境界的,那就是景观设计大师俞孔坚,他在2005主持的沈阳建筑大学的稻田校园项目,获美

/沈阳建筑大学稻田校园(图片来自中国建筑官网)

国景观设计师协会颁发的设计荣誉奖,此项目大量使用了水稻和当地农作物、乡土野生植物(如蓼,杨树)为景观的基底,不但投资少,易于管理,而且形成了独特的、经济观赏并举的校园田园景观。在大面积均匀的稻田中,便捷的步道串连着一个个漂浮在稻田中央的四方的读书台,每个读书台中都有一棵大树和一圈坐凳,让书声溶入稻香。源自农耕社会的中国,自古有"耕读传家"的说法,耕田可以事稼穑,丰五谷,养家糊口,以立性命;读书可以知诗书,达礼义,修身养性,以立高德。所以,"耕读传家"既学做人,又学谋生。而对今天的大多数来自城市的学生来说,自然和耕作是那么遥远。尽管,俞孔坚的设计理念引发了许多人的异议,但不可否认,这是景观设计的一个创新理念,也是审美上的新挑战!

白露还品白露茶

在20世纪的80年代中期,物质还不是那么丰富,所以一般人对异地的东西还是很陌生的。我从小生活在江南,印象中家里喝到的茶多数是绿茶,偶尔有一些红茶和茉莉花茶。绿茶讲究的是新,嫩,芽头纤细,所以1987年第一次喝到铁观音,看到那种粗枝大叶又浓香扑鼻的茶很是诧异,后来又在汕头第一次喝到浓醇苦香的小杯工夫茶,更是颠覆了我以前对好茶的认知。

福建安溪的铁观音,潮汕的单丛和福建的武夷岩茶等,按照专业的叫法应该是青茶,但一般老百姓还是习惯把这类半发酵的茶叫作乌龙茶。说是半发酵，其实也不是正好发酵到50%的程度，它可以从30%左右发酵到70%光景，茶汤的颜色也从带点绿的黄色变成黄棕继而红棕色。乌龙茶的采摘不像绿茶那样光选嫩芽叶，它必须一芽3、4叶那样有一定成熟度，成茶的香味普遍比较馥郁高香，滋味也要浓厚得多。乌龙茶主要的产区在福建、广东和台湾，南国的人们用一套盖碗或紫砂小壶，投入多多的茶叶，滚水快冲成浓浓的茶汤，用仅有乒乓球般大小的薄瓷小杯来喝。

像绿茶最重春天的新茶，老茶客们如果喝不到明前的新茶，就会感觉像没过过春天一样，而当年的新绿茶，在没有冰箱的年代，过了夏天便失却了清香和鲜爽了。而乌龙茶却是不但重春茶，也讲究采秋茶的。民间有"春茶苦，夏茶涩，要喝茶，秋白露"的说法。茶树经过了

/台湾金萱乌龙

一夏酷热的煎熬，茶叶也仿佛在时间中熬出了最浓烈的品性，到了白露前后又会进入生长佳期。白露茶不像春茶那样娇嫩、不经泡，也不像夏茶那样干涩、味苦，而是有一股独特的甘醇味道，所以，老茶客们特别喜欢。

一般八月份，白露节气之前采摘的茶叶叫早秋茶；从白露之后到十月上旬，采摘的茶叶叫晚秋茶。相比早秋茶，晚秋茶的味道更好一点。如果说春茶喝的是那股清新的香气，淡淡的青草味，那么白露秋茶喝的则是一种浓郁的、醇厚的味道。

在这凉意渐起的白露时节，不妨来一杯甘醇温和的台湾乌龙秋茶。

台湾的茶树最初都是由大陆福建一带传过去的，乌龙茶的焙制方法也是一脉相承的。不过台湾独特的地理环境对茶树内质的影响，和台湾茶农长期以来对茶叶焙制方法的改良，使得台湾乌龙自成特色。乌龙茶中发酵最轻的是台湾的包种乌龙，色泽黄绿清亮近似绿茶，但香气却比

/小壶冲泡台湾乌龙茶（赵云汉摄影）

绿茶要馥郁高香得多,同时,乌龙茶中发酵程度最重的茶也在台湾——白毫乌龙,颜色近似红茶,带有浓郁的熟果香和蜜甘味,西方人称它为"香槟乌龙""东方美人茶",据说这种茶的香味的还要靠一种叫小绿叶蝉的小虫子吸食芽叶后才能形成。而发酵程度间于两者之间的冻顶乌龙、金萱、翠玉、梨山乌龙等台湾乌龙,花香、奶香、果香,各具特色。

曾经有机会和台湾制茶大师吕礼

/台式工夫茶多了公道杯分茶(赵云汉摄影)闻香杯专门用来闻香(赵云汉摄影)

臻一起品茶,听他说起这么多年的制茶心得:"茶最重要的是要有个性,年轻时总想把茶焙成自己想要的滋味,慢慢才领悟到应该根据茶本身的特点,采取不同的方法,扬长避短,焙出特色"。一款木栅铁观音,因为生长环境的缘故,茶叶有较多的苦涩味,于是吕老师和茶农一起,采取重揉捻,重发酵,慢火细焙,将苦涩味降低,逼出了茶的浓香甘醇,成就了一款难得的好茶。做茶如此,细细咂摸,做人不也一样道理。

台湾人喝乌龙茶也和福建广东一样,采取的是工夫茶小壶小杯的品饮法,但台湾人增加了公道杯和闻香杯两种茶具,称为台式工夫茶。因为有公道杯来均匀茶汤,所以省却了潮州工夫茶斟茶时的"关公巡城""韩信点兵"的游动斟茶手法。其实如果你特别中意巡城点兵来分茶的手法,日常生活中我们可以改良一下:第一泡以巡城点兵的手法分茶入闻香杯,第二泡,茶杯已到客人手里,为方便起见可用公道杯分茶。细高的闻香杯专门用来闻香还是蛮科学的,它细高聚香,又因为不直接接触口唇唾液,所以闻起来的香气格外纯正,泡其他茶用公道杯来闻香其实也是一个道理。不过有些老茶客总觉得,茶汤多过一道茶具,香气滋味就会多损失,所以还是青睐传统的工夫茶泡法。

/改良工夫茶第一泡巡城分茶(赵云汉摄影) 第二泡公道杯分茶(赵云汉摄影)

桂子飘香中秋节 应景还品桂花茶
——赏桂花,品桂花乌龙茶

桂子飘香中秋节

桂花有两大类,一类叫四季桂,它的花期从深秋乃至穿越整个冬天直到春天,独独不在炎热的夏季和早秋开放,也许因为开放的时间太长,力有不逮,那香味总让人感觉有气无力,而且带有点浑浊。我很喜欢的唐诗王维的《鸟鸣涧》"人闲桂花落,夜静春山空。月出惊山鸟,时鸣春涧中。"描写的就是春天夜晚的景象:寂无人声,芬芳桂花,轻轻飘落。青山碧林,更显空寂。明月升起,惊动几只栖息山鸟。清脆鸣叫,长久回荡空旷山涧。这里的桂花应该就是在春天也开花的四季桂吧。

而另一类叫秋桂,根据颜色分为银桂、金桂和丹桂,生长在四季较分明又比较温暖的地区。经过春夏季的生长和蓄力,那股清甜馥郁的香气突然在这个季节爆发开来,极有穿透力,沁人肺腑,真的是会令人醉的。

以前的江南人家,只要有个小院天井,几乎家家户户都会种上一棵桂树,开花时,在花树底下铺上一块旧床单,孩子们欢呼着跳跃着摇着树干,香香甜甜的桂花,雨一般的飘落,香气浓郁得连人的头发丝似乎都浸染了香气。老奶奶们会戴着老花镜,仔仔细细把收集来的桂花摘捡干净,简单一点就一

/ 人闲桂花落

层糖一层桂花地腌上,做成糖桂花,复杂一点的桂花酱那是需要先用少量盐将桂花脱水去涩并提出香味,然后再用冰糖或蜂蜜文火熬透,也有加青梅酱或者柠檬汁调味的,据说柠檬汁还能保存桂花的色泽。苏州产梅子的郊区,人们会特意留着腌渍梅子的盐卤,等着秋天腌渍桂花,那个青梅卤能很好地激发出桂花的香气。

/丹桂(刘静摄影)

/金桂(刘静摄影)

/银桂

做好的糖桂花或桂花酱装在瓶子里密封起来,现在有冰箱那更是可以长期保存。家常做甜点心比如酒酿圆子,各种糖水,过年时蒸年糕,加上一点糖桂花,立马让普普通通的点心活色生香起来——可以说从来没有哪一种香花,能像桂花这样在中国人的食物中被这么重用又被这么普遍地喜欢。中国人大概是最会用舌尖的味道来表达情绪的民族了。

/蜜渍丹桂

/鸡头米糖水加点桂花,立马活色生香起来

应景还品桂花茶

桂子飘香的秋天,最应景的茶品当然是桂花茶。民间直接用糖桂花冲泡白水可以叫桂花茶,但真正的桂花茶必须是用桂花窨制茶叶做成的。窨制桂花茶的茶坯可以是绿茶,也可以是红茶、乌龙茶。每年桂花盛开的季节,杭州的茶友们便开始窨制桂花龙井。而在喜欢喝乌龙茶的南国,则有一种专门用桂花熏制的桂花乌龙。半发酵的乌龙茶,温润馥郁,很适合秋天饮用,桂花乌龙是"铁观音"故乡福建安溪传统的出口产品,主销港、澳、东南亚和西欧。此款桂花乌龙茶茶汤清澈蜜黄,色泽呈现琥珀色,香气馥郁纯浓,尤其是乌龙茶香与桂花香并茂,口感既有乌龙

/ 桂花茶配月饼

的独特甘润，又有桂花的浓烈馥郁，香气持久悠扬，数泡之后，花香依旧沁人心脾。中秋节时桂花乌龙配月饼，既解甜腻，又应景，而且能温补阳气、美白肌肤、排解体内毒素、止咳化痰、养阴润肺，舒畅精神，净化身心，简直是绝配啊！

桂花乌龙也可以自己在家DIY（自制），家里如果有隔年的有些失香但滋味依旧不错的乌龙茶，用干净的平

/窨制好的桂花乌龙（赵云汉摄影）

/桂花拌入复火加热的乌龙茶（赵云汉摄影）

底锅在炉火上烘焙至茶叶发烫、茶香飘出。或者也可以把茶置于净瓷碟里，用微波炉复火，注意掌握时间，可以少时多次以微微发烫散发茶香为宜。趁热，和干桂花拌匀窨制（茶七花三），装罐密封，不时摇动，约一周，茶香花香浑然一体即成。用此法来处理那些已失却茶香但未变质的陈茶，包括绿茶红茶都行，可唤醒陈茶潜在的香味。如用新鲜桂花，花的量要增加，而且鲜花有水气，茶叶窨制一日后要及时焙干。

冲泡桂花乌龙，可用瓷盖碗，沸水烫洗过的盖碗，立即投入桂花乌龙，加盖略摇，被烫热的碗壁一熏，干的花香茶香立即透出，再冲入滚水洗茶一遍后正泡，那迷人的桂花香顿时让人心窍一振，继而喝上一口金黄的茶汤，浓醇回甘，真让人有飘飘欲仙的感觉啊！

重阳赏菊佩茱萸 紫苏菊茶最宜秋
—— 赏菊花茱萸,品菊花、紫苏姜茶

重阳赏菊佩茱萸

农历九月九,重阳节。重阳之说,与"九"相关,源自《易经》以阳爻为九。九为阳数,两九相重,故为重阳。九又与久重音,因此古人认为重阳节是个值得庆祝的节日,取亲情、友情长久之意。九为单数最大者,故重阳又与敬老、老人合意,所以重阳节又称老人节。

与重阳节有关的植物最著名的莫过于茱萸和菊花。王维的《九月九日忆山东兄弟》"独在异乡为异客,每逢佳节倍思亲。遥知兄弟登高处,遍插茱萸少一人。"的著名诗句,让即使很少认识茱萸的现代都市人,也记住了重阳节佩茱萸的习俗。重阳节前秋雨连绵,时常整日不见阳光,阴霾的天气容易让人精神萎靡，衣物也易霉变。茱萸结果正当重阳，又有消毒、防虫的功效，于是茱萸就成了重阳习俗的一部分。俗信茱萸可以留下重九的阳气，以阳退阴，因而重阳节也叫"茱萸节"。茱萸有两种：山茱萸和吴茱萸，都有味道并能入药。专家们说：山茱萸属于山茱萸科，吴茱萸是芸香科植物，二者形态差别较大。首先从形态上看，《本草纲目》记载："山茱萸，叶如梅，有刺，二月开花如杏，木高丈余"。而吴茱萸在《本草纲目》中的描述为："三月开红紫细花。七月、八月结实似椒子，嫩时微黄，至熟则深紫"。还说，吴茱萸枝柔而肥，叶长而皱，其实结于梢头，累累成簇而无核。重阳习俗中，插茱萸是指插戴茱萸的枝叶于头或身上；而佩戴茱萸是指佩戴装有茱萸果的香囊。山茱萸虽花美如杏，但是它枝条有刺，显然不适合簪插。而吴茱萸不但枝条柔美，而且叶子长而柔软，

/山茱萸

/吴茱萸

就像柳条一样非常适合编结佩戴。它可爱的果实"结于梢头，累累成簇"，将一把装入香囊，真是再方便不过。不过，山茱萸春天的黄花和重阳时分的红果实在是美貌，所以我个人觉得重阳时整一把山茱萸放家里实在也是合适的很啊！

　　再说说菊花，中国传统把梅、兰、竹、菊称花

/ 玄关处放一盆竹菊插花生色不少

中四君子,因为爱菊成癖的陶渊明,菊花又被称为花中隐逸者。"结庐在人境,而无车马喧。问君何能尔?心远地自偏。采菊东篱下,悠然见南山。山气日夕佳,飞鸟相与还。此中有真意,欲辨已忘言"陶渊明的这首诗被多少后人吟诵并对诗中的意境生出向往之心。自古以来,爱菊,艺菊,收集菊花品种,互赠菊花,侍弄菊花都是文人墨客值得称道的风雅之事。遗憾的是,不知何时起,中国人也像西方一样将菊花用于葬礼、祭奠,尤其是黄白二色的菊花。

从植物学角度讲,菊花是短日照开花植物,所以自然界的菊花都在日照日益变短的秋日开放,其他季节是没有菊花的,又因为原生的野菊花呈黄色,所以传统上常以秋菊、霜菊、黄花称之。不过现代的遮光促成栽培技术,也使得菊花能在一年四季开放。

菊花可赏,也可入茶入馔。早在屈原笔下,就已有"夕餐秋

/菊花、冰糖、高度白酒浸制菊花酒

菊之落英"之句，九九重阳，秋高气爽，正是自然界菊花盛开之时，登高赏黄英，喝菊花酒也成为民间习俗。菊花酒有养肝明目、滋阴清热的功效。传统上，菊花酒是用菊花加上枸杞、生地黄、当归等煮成药汁，再和糯米酒曲酿制的，听着有点复杂，一般人难以为之，不过在自己家里其实也可以自制些方便的菊花浸制酒，方法很简单，以高度白酒浸泡食用菊花、枸杞、冰糖或蜂蜜，约一月即成。

菊黄季节也是螃蟹肥美之时，"九月团脐十月尖，持螯饮酒菊花天"，持螯赏菊自古就被认为是一大乐事、雅事，吃完蟹，再用菊叶菊花瓣泡水洗洗可去除满手腥气。

/ 菊黄蟹肥

/ 菊花瓣泡水洗手去蟹腥

紫苏菊茶最宜秋

菊花入茶，自古有之。可以单独用菊花泡茶，也可以和枸杞等配伍，还有就是和茶叶一起。

入茶的菊花最常见的是杭白菊和黄山贡菊，杭白菊的产地其实为浙江桐乡，闻上去有些甜甜的药香，口感也略有甜味，记得小时候，杭白菊一般在中药店能买到，每到夏天，外婆花一两毛钱可以买回一大袋杭白菊，每天早上用一个大瓷壶，泡上一壶菊花茶晾着，孩子们玩累了，渴了，就用旁边磁盘中扣着的瓷杯，倒上一杯，咕嘟咕嘟一口气喝下，甜丝丝，凉津津，特别解渴消暑。喝惯了杭白菊再喝安徽黄山的贡菊，就觉得贡菊的香味发浊，又带一点苦味，不好喝。两种都是清热去火的，不过杭菊更重平肝明目，主要去肝火，一般杭菊更多为入药，而贡菊是清肺火的。市场上有一种尚处于花蕾状态的胎菊，用来泡茶味道更美，且有丝丝花蜜般的香味。

/胎菊

/菊花枸杞茶

菊花茶因为带寒凉性，所以脾胃虚弱者或女子并不适合长期饮用。

广东香港等地的老茶楼，经常供应一种菊普茶，就是用杭白菊配熟普洱而成的，菊花的清香寒凉中和了熟普洱的陈香温热，不管是从口感香气还是性味上，都相得益彰。冲泡时可以把菊花和熟普一起置入壶中，沸水洗茶1~2次，去除表面灰尘，唤醒茶的香味，再正式冲入沸水焖泡1~2分钟，倒出用小杯品饮。

/ 菊花普洱

江西修水出产一种大朵，花瓣呈金丝状的食用黄菊，称为金丝皇菊。金丝皇菊的药用功能比杭白菊和贡菊差一点，但胜在外形美丽且味道香润清甜，用玻璃杯泡上一朵，满杯金黄，颜值那是相当高啊，泡上几遍，茶汤味道转淡，可以把菊花捞起，简单用芝麻油盐拌了，做小菜最好不过了。有朋友从江西给深圳的我带来几棵金丝皇菊小苗，竟然非常适应，秋日黄花开满枝头，不

/ 盆栽的金丝皇菊

/ 采摘下的金丝皇菊

时摘下鲜花泡茶浸酒，让人一尝"餐菊饮露"的仙家生活。

重阳后的这一个月，大概是一年中最适合品尝大闸蟹的时候了，菊黄蟹肥，持螯赏菊，以前仅是江南食客的风雅之事。现在，物流发达了，大江南北全国各地的人都会在这个季节，把品尝大闸蟹作为应季的美食享受。只是大闸蟹虽说美味，但也寒凉，江南人品尝大闸蟹时必备姜汁醋、温黄酒，还有一把紫苏叶。一般的人都知道蒸煮大闸蟹时放紫苏叶去腥，其实餐后喝一杯紫苏姜茶，也非常适合。

紫苏姜茶，古时称紫苏熟水，在宋朝时就家喻户晓，也是街上到处有卖的饮料，它在夏天饮用，可增食欲、助消化及防暑降温，还可预防感冒及胸腹胀懑。而吃完大闸蟹，饮用一杯紫苏姜茶，则有驱寒，暖胃作用，并且紫苏叶有解虾蟹毒的功效，所以，爱吃鱼生的日本人也常把紫苏叶和鱼生配吃，如果吃多了大闸蟹腹痛呕吐泻泄，喝一杯浓浓的紫苏姜茶更是非常管用。

/紫苏姜茶——宋朝时家喻户晓的紫苏熟水

/盆栽紫苏

/第二年自播长出的紫苏苗

紫苏姜茶很容易做：一把紫苏叶，几片生姜，几块冰糖（有人喜欢用红糖），有陈皮的话也可加一块，洗净，加水煮开5分钟左右即得。这紫苏叶可以在菜场买新鲜的，也可以去中药店买干叶子，专业卖大闸蟹的店出售蟹的时候也会配一小包。不过，我喜欢每年自己在阳台种几大棵，用时，特别奢侈土豪地剪一大把。反正在南方，植物长得快，剪了顶芽很快更多侧芽又冒出来了。春天种几棵，一直可吃用到秋末。种紫苏可以去花卉市场买种子，很容易发芽，种了一年后，掉落的紫苏种子会在来年自动在原地发出幼苗，繁茂得很。广东超市常有一把一把紫苏的枝叶卖，用完叶子，挑粗壮的茎秆插在水里，很容易就长出根来，成为一棵新的紫苏。

晚秋拒霜芙蓉花 凤凰单丛沁肺腑
——赏芙蓉花,品凤凰单丛功夫茶

晚秋拒霜芙蓉花

农历九月底,节气上进入了晚秋、霜降,顾名思义该是有霜出现的日子,不过,这大概描述江南的气候最适合了,岭南这个时候依旧时不时得穿短袖夏装,而在北方,不止有霜,下雪都是有可能的了。

这个时节,除了菊花大概只有芙蓉花撑大场面了。苏轼《和述古拒霜花》诗曰"千林扫作一番黄,只有芙蓉独自芳;唤作拒霜知未称,看来却是最宜霜"。因为芙蓉不怕霜,故称拒霜花。木芙蓉,是属于锦葵科木槿属的落叶灌木或小乔木,有单瓣与重瓣之分。因其花或白或粉或赤,皎若芙蓉出水,艳似菡萏展瓣,故有"芙蓉花"之称,又因其生于陆地,为木本植物,故又名"木芙蓉"。至于中国人说的出水芙蓉则指的是荷花。

芙蓉花很特别,清晨初开时为白色或粉红色,后逐渐变为深红,傍晚时变为紫红色,越开越艳,正像人们形容的:"晓妆如玉暮如霞"。由于芙蓉花"一日间凡三色",所以人们又叫它"三醉芙蓉""添色拒霜花"。科学家们解释说:芙蓉花之所以一日会三变颜色,是因为花瓣细胞液中的花青素,会随着外界的气候条件以及细胞新陈代谢使细胞液酸碱度发生变化而变化,这种情况其实在牵牛、锦葵等花中也有出现,不过没这么明显而已。最为稀有的是"弄色木芙蓉",其花一日白,二日鹅黄,三日浅红,四日深红,至落呈微紫色。由于每朵花开放的时间有先有后,常常在一棵树上看到白、鹅黄、粉红、红等不同颜色的花朵,甚至一朵花上也能出现不同的颜色。除了白色粉色芙蓉,还有花色红白相间的鸳鸯芙

/ 白芙蓉(单瓣)

/ 白芙蓉(重瓣)

/ 粉色芙蓉

/ 鸳鸯芙蓉

蓉；花黄色的黄芙蓉；花重瓣，多心组成的七星芙蓉。话说这个重瓣多心的品种，从植物学角度分析，它其实是单瓣的原始种演变过来的。锦葵科植物的花的雄蕊比较特别，叫单体雄蕊，雄蕊很多，但雄蕊的花丝全部合并起来形成一根管子，把雌蕊裹在里面，而雄蕊的上半部分包括花丝全部散开围在雌蕊柱头外面，这些雄蕊在长期栽培过程中发生了变异，变成了花瓣，于是，单瓣的木芙蓉，就变成了重瓣的七星芙蓉。锦葵科的其他花

/临水木芙蓉

/花青素让不同时间开花的芙蓉颜色不同

卉比如扶桑，木槿也有类似情况出现。

木芙蓉原产我国黄河流域及华东、华南各地，尤其以四川成都一带栽培最广，故成都有"蓉城"之称。因为花朵硕大，形似牡丹，雍容端庄，艳丽卓绝，繁花满树，且变化有序，在我国园林中的种植极广。可以种在墙边、路旁，也可成片栽植于坡地，但最美的最常见的是种植于水边，文震亨在《长物志》中说："芙蓉宜植池岸，临水为佳"，的确在波光中映照出花影，妩媚之极，古时文人在诗中经常描写出这种美景，比如苏东坡云："溪边野芙蓉，花水相媚好"；范成大云："袅袅芙蓉风，池光弄花影"。连狷介的王安石亦云："水边无数木芙蓉，露染胭脂色未浓。正似美人初醉着，强抬青镜欲妆慵"。尤其这深秋时节池中水芙蓉已谢，满池的残荷与岸边娇艳的木芙蓉相互映照，更别有一番美感。

等木芙蓉开败，冬天就真的来临了，这个时候，可以对木芙蓉进行重修剪。在北方寒冷地区，可在越冬前从根基处剪除地上部分的枝条（剪下的枝条可用于扦插繁殖），然后覆土，使其安全越冬，等翌年春季除去覆盖，萌发出大蓬新的枝叶，长势旺盛，到秋天就会开出一片花海。而南方温暖地区，还可以保留地上一个主干，修剪成乔木状，主干上的枝条通过多次打顶摘心，形成较大的树冠，次年开花时，娇花满树冠，别有一番风致。

凤凰单丛沁肺腑

秋冷的季节，总要喝点让人感觉温暖的茶，产自南国的凤凰单丛不但让人感觉温暖，还自带花香蜜味，让人在一片萧瑟的深秋有置身春天花丛的感觉。

凤凰单丛是一种半发酵的青茶（俗称乌龙茶），正宗产地以有"潮汕屋脊"之称的凤凰山东南坡为主，分布在海拔 500 公尺以上的潮州东北部地区。潮州凤凰山系是国家级茶树地方良种"凤凰水仙种"的原产地，数代茶农从凤凰水仙品种中分离筛选出来的众多品质优异的单株，即"凤凰单丛"。它是我国茶树品种中自然花香最清高、花香类型最多样、滋味醇厚甘爽、韵味特殊的珍稀的高香型名茶品种资源。据潮州凤凰茶树资源志介绍，凤凰茶具有自然花香型 79 种（株）、天然果味香型 12 种（株）、其他清香型 16 种（株）。因茶香、滋味差异，习惯将单丛茶按茶香型分为芝兰香单丛、黄枝香单丛、桂花香单丛、玉兰香单丛、杏仁香单丛、肉桂香单丛、柚花香单丛、姜花香单丛、茉莉香单丛等香型单丛茶，是茶树品种名，又是成品茶名。尽管一般的人也不能仔细描述分辨出这些香型，

/花香蜜味的凤凰单丛茶

但总体你会从茶中感觉到那种南国特有的花香或热带水果成熟时的甜香味。市场上近些年流行一种有着奇葩名字的单丛叫"鸭屎香",其实这种茶不但没有令人讨厌的鸭屎香,还具有自然独特高雅的特殊花香,非常明显持久,入喉顺滑,回甘力特别强,醇、滑、韵、色、香、味俱全,饮之鼻口生香,咽喉生津。回味无穷,特别耐冲耐泡。据说这个别名的由来是这样的:这茶原来从乌崬山引进的,种在"鸭屎土"(其实是黄土壤)的茶园里,长着乌蓝色的茶叶,叶长了似鹅掌柴,鹅掌柴,台湾民间俗称"公母"(学名鸭脚木)的叶一样。乡里人喝过这种茶之后都说这个茶叶香气好,韵味浓,纷纷问是什么名丛,什么香型。茶农怕被人偷去,便谎称是鸭屎香。商家有时会贴上"稻花香"的标签,估计是叫鸭屎感觉有些不雅,也有人因为其香型近似凤凰山上野生的金银花,而管它叫银花香。

谷雨至立夏前后采摘的单丛是迟熟种,有宋种八仙、玉兰香、夜来香、石古坪、老仙翁等。此时间采摘的单丛大都香气高锐悠长、滋味浓醇,是凤凰单丛茶中的珍稀品种,一直供不应求。正宗宋种单丛(老株单丛)大都在开采前就被认购、定购。第二代宋种和嫁接高香型单丛茶,品质上等,市场上都能买到。单丛茶香气高,滋味浓,刺激性也挺大,新茶不宜马上就喝,一般在毛茶制成后,至少经15天退火熟化,才能品尝出真正色、香、味及老丛山韵蜜味,成品茶放个三四个月再喝比较合适,密封储存的话,也是可以长久存放的。

单丛茶的产地潮汕人自古以来就非常讲究喝茶,形成了一套独特的饮茶方法——潮州工夫茶,可以说它是"潮人习尚风雅,举措高超"的象征。在潮州,不论嘉会盛宴,或是闲处逸居,乃至豆棚瓜下,担侧摊前,人们随处都可以看到一幅幅提壶擎杯长斟短酌,充满安逸情趣的风俗图画。即使是乔居外地或移民海外的潮汕人,也仍然保存着品工夫茶这个风俗。可以说,有潮州人的地方,便有工夫茶的影子。

工夫茶的"工夫"指的是花时间细细泡,慢慢品,所以不能写成"功夫"茶。潮州工夫茶讲究茶具器皿配备之精良和冲泡之讲究。茶壶、茶杯、茶盘、茶垫、水瓶、泥炉、砂铫、乌榄炭等是必备的茶具。传统工夫茶的茶具和泡法都非常考究,传统工夫茶具就有九项:壶(盖碗)、杯、盘、洗(两个,一个倒废水,一个放壶或者盖碗)、垫、水钵、炭炉、砂铫、羽扇,如果说某人"吃

/潮州工夫茶具

茶欠九项"，就是说这家穷。水要山泉水，炭要乌榄炭，据说用乌榄炭烧水，水生幽香，味质醇厚。当地考究的人家一般都有传家的四宝——玉书煨；拳头大小的砂铫；潮汕泥炉；孟臣壶：紫砂小壶（明末清初，制壶名家惠孟臣所制小壶），现在为了方便容纳及让条索状的单丛茶更好地舒展，很多潮汕人泡茶都改用盖碗了；若琛瓯：仅半个乒乓球大小的、白色薄瓷小杯，说若琛出浴即为烫洗小杯，让小杯在另一个杯中的滚水里转圈烫洗，老茶客烫洗杯子的手法迅速潇洒，常让外地人看呆。而严格的冲泡手法又需按烫盏、纳茶、候汤、冲点、洗茶、刮沫、淋罐、洒茶等程序进行，方能得到工夫茶之"三味"。

工夫茶特别讲究喝"烧茶"，即趁热喝，这样才能能品出茶最好的香味和滋味，而且也符合养生原理，李时珍《本草纲目·茶》引陈藏器曰："饮之宜热，冷则聚痰。"又引李廷飞曰："大抵饮茶宜热、宜少"。潮州工夫茶的

/乌榄炭

冲泡程序中的烫盏即泡茶前，先用滚水将壶杯烫洗，即为了清洁，也是为了提高壶杯温度；冲泡时先洗一遍茶倒去，再正式冲泡并在壶外身淋热水正是为了保持冲泡过程中茶汤的温度；洒茶即分茶，讲究巡回低斟，贴近茶杯低斟也是为了防止散热和失香，在茶杯上方游动斟茶则是为了让茶汤均匀，有个好听的说法叫"关公巡城"，最后的茶汤也要游动均匀滴入每个杯子，叫"韩信点兵"。品茶者用三个手指端起茶杯，叫"三龙护鼎"；先嗅茶香，再入口细琢慢品，甘芳润喉，通神彻窍、其乐无穷。

/滚洗茶杯（赵云汉摄影）

/低斟游动分茶称"巡城""点兵"（赵云汉摄影）

现在的台式工夫茶，就是在传统的潮州工夫茶的基础上发展起来的，多了一个公道杯来均匀茶汤，于是"巡城""点兵"就被省略了，多了细高的闻香杯，因为不沾口唇，闻起来的香气格外纯正。不过，老茶客们总认为多过一道茶具，茶汤的香气和热度都会损失，所以还是传统工夫茶喝起来更过瘾。

/浓浓的茶汤要趁热喝

冬日

山茶最是耐冬花 滇红奶茶韵味浓
——赏山茶花，品滇红奶茶

山茶最是耐冬花

入冬了，四季分明的地方开的花越来越少了，细数一下，山茶花应该挺招人待见。和茶叶同为山茶科山茶属的山茶花名玉茗，耐冬花，从晚秋到初春，不同品种的茶花花期覆盖了整个冬天，耐冬花名副其实啊。

山茶花是一种很古老的栽培花卉，中国从三国时期就有栽培了，现在的茶花品种成千上万，中国更是自然原始种的分布中心，而中国境内又以云南为最。山茶还有一个古称叫曼陀罗树，不过此曼陀罗和茄科那个可以做蒙汗药麻醉药的曼陀罗可不是一回事。

民间素有谚语:"阳牡丹,阴山茶,半阴半阳种兰花",可见,山茶是喜欢遮阴的环境。

金庸小说《天龙八部》中写的那个王语嫣的妈妈,在江南的苏州建了一个种满山茶的曼陀罗山庄,山庄的花语是"暗恋",金大侠暗喻那个痴心的王夫人,心里恋恋不能相忘于大理姓段的男子。其中有一段文字是段誉忽悠王夫人,大谈茶花品种道:"大理有一种名种茶花,叫作'十八学士',那是天下的极品,一株花上开十八朵花,朵朵颜色不同,红的就是全红,紫的便是全紫,决无半分混杂。而且这十八朵花形状

/红山茶

朵朵不同，各有各的妙处，开时齐开，谢时齐谢……"看金大侠写得有趣，忍不住去查资料，才发现"十八学士"的确是茶花中的一个珍品，深为人们所厚爱，但不是如段誉所描述的一棵茶花上能开出十八种不同颜色的花来，实际上"十八"指的是花瓣轮数而非花色数，相邻两角花瓣排列20轮左右，多为18轮，故称它为"十八学士"。它树型优美，花朵结构奇特，由70～130多片花瓣组成六角塔形花冠，层次分明，排列有序，十分美观。它常见的花色有朱红、绯红、粉红、全白诸色。不过，山茶的品种的确是非常多，不但是我国，两千多年的栽培历史中培育了许多珍贵品种，7世纪茶花传入日本，也备受日本人喜欢，他们称为"椿花"，茶室中经常用到。茶花传入欧美大约在18世纪，他们都培育了不少品种。据资料记载，世界上登记注册的茶花品种现已超过2万个，中国的山茶品种有883个，可以说是世界著名的木本花卉。

/红山茶

/粉山茶

/白山茶

/冬天的茶室里放上一枝山茶和两个佛手格外让人心生欢喜

滇红奶茶韵味浓

在渐渐寒冷的冬日下午,来一杯浓郁香甜的奶茶,提神又暖身,实在是再合适不过了。都说印度的阿萨姆红茶浓醇适合泡奶茶,但我还是觉得我们中国的滇红更胜一筹。滇红,顾名思义云南出产的红茶,因为用的是云南的大叶种茶树重发酵而成,它要比一般红茶的茶味更浓厚甘醇,香气浓郁持久,纵然加了牛奶调饮,茶味也是十足,而且它花果般的甜香和奶香搭配相得益彰,非常协调,如果用的是古树茶菁做的红茶,那滋味香气更是浓郁,让人饮罢齿颊留香,回味无穷。

最常见的奶茶调配方法是:瓷壶冲泡好红茶,倒入杯子,饮者根据自己口味加糖加奶。但其实好喝的奶茶还得直接用牛奶煮,不加水,这样做出的奶茶才味浓香郁。牛奶要全脂的,脱脂低脂奶都太寡淡了。那一年在迪拜机场买了一个煮阿拉伯咖啡的小壶,回家后咖啡没煮过,却发现用来煮奶茶特别合适。壶中加入满满一茶勺滇红,因为不是红碎茶,如果想要茶味迅速浸出,可以加少量沸水浸润一下茶叶(水盖住茶叶即可),再加入全脂牛奶,小火煮至牛奶起泡立即熄火,焖泡5分钟,过滤倒出,按个人喜好加糖调味。在南方阴冷没有

/滇红奶茶

/古树滇红——带有浓郁的花朵般的甜香

暖气的冬天，捧一杯热气腾腾散发着花果香的奶茶，顿时温暖从手直达心底，生活的美好就是由这样的小确幸凝聚而成的啊。

说到这里，不得不说一下英式下午茶。红茶在17世纪传到英国后，很快风靡英伦的上流社会。英国的午餐很简单，晚餐又比较晚，所以到傍晚时分就有点饥肠辘辘了。19世纪有位名叫安娜的公爵夫人，为了打发晚餐前的整个漫长下午，发明了下午茶——喝喝茶、吃吃点心，既略微填了一下肚子，又提供了社交的机会，这种习俗很快在贵族阶层蔓延开来，直至今天，已变成一种非常普遍的红茶文化。喝下午茶的最正统时间是下午四点钟（就是一般俗称的tea time），在维多利亚时代，男士是着燕尾服，女士则着长袍。现在每年在白金汉宫的正

/ 煮奶茶

/下午茶

式下午茶会,男性来宾则仍着燕尾服,戴高帽及手持雨伞;女性则穿白天洋装,且一定要戴帽子。通常是由女主人着正式服装亲自为客人服务,以表示对来宾的尊重。维多利亚式下午茶是一门综合的艺术,简朴却不寒酸,华丽却不庸俗。美味的茶和点心、精美的瓷器、轻松的音乐、还有就是一份悠闲的好心情,让下午茶成为繁忙紧张的都市人偷闲放松的好方式。

蜡梅飘香天竺艳 冬饮六堡暖心田
—— 赏蜡梅天竺果，品六堡茶

蜡梅飘香天竺艳

刚从江南到岭南的那几年，最喜欢的是冬天，岭南的冬天仿如江南的春天，气温适宜，单衣短裙也不时可以秀一下，到处绿色葱茏，鲜花当然也依旧盛开。两年三年新鲜劲一过，每到腊月我却分外怀念起寒冬的江南，而没有蜡梅的飘香和红艳艳的天竺果，更是让人找不到年关将近的感觉。

蜡梅属于蜡梅科蜡梅属，和蔷薇科杏属的梅花其实完全是两种植物，因花瓣质地如蜡，花型似梅，所以称蜡梅，又因其在腊月里盛开，花黄色,所以也称为腊梅、金梅、黄梅。蜡梅是灌木,花开时极香。英文名 Winter sweet,冬日的甜蜜,真是非常贴切。我总觉得古诗词中许多描写梅花的诗句其实可能写的是蜡梅,因为梅花是早春天气返暖后才开的,而且除了绿萼白梅,大部分品种的梅花香气很淡,所以那些凌寒、斗雪、暗香之类的词,其实更符合蜡梅的特性。

/ 墙边的蜡梅透出幽幽的冷香(徐光辉摄影)

/屋子里插上一束蜡梅暗香盈屋，沁人肺脾
（鲁朝辉摄影）

岭南以北地区，每到腊月，蜡梅盛开，空气中就开始飘逸着甜蜜清冷的香气，尤以内轮花瓣纯黄的素心蜡梅及花瓣宽大的罄口蜡梅香气浓郁，花瓣片狭尖，内轮呈紫色的狗牙腊梅则香气较淡。蜡梅花可泡茶，有解暑生津，开胃散瘀，解毒生肌，止咳的功效。腊月里，收集干燥些蜡梅花蕾，留待次年夏天时，用冷矿泉水慢慢浸泡出味，那股冷香真叫沁人肺腑，喝下暑气顿消。曾参加过一次赏蜡梅的冬日茶会名曰：暗香暖寒冬，记得我坐的那个茶席，司茶者将掉落的蜡梅花，放在水盂内，温杯的热水倾倒进去，顿时一阵馨香飘出，感觉好极了。

中国传统园林中，常在墙角，山石边种上一丛蜡梅，盛开时，多被人剪枝回屋子里插瓶，蜡梅不怕剪，越剪次年发枝越多，开花越多。因为花开时叶已落尽，长叶时花已开败，那叶子对生，椭圆形状又毫无特点，所以十有八九的人在不开花的时候都不认识蜡梅，读书时植物学老师曾教过一招，用手去摸一下，蜡梅的叶子顺摸光滑，倒摸则如砂纸一样粗糙。

江南园林中，蜡梅常种，还有一种灌木也经常和它做伴，那就是小檗科的南天竺，文人雅士也常把这两种植物一起入画。

/热水倾入水盂，顿时一阵馨香飘出（鲁朝辉摄影）

南天竺真可谓是一种非常有气质的植物，春夏，枝干挺拔如竹，羽叶开展秀丽，花开如雪，翠绿扶疏，姿态优美。秋冬天，寒冷的气候会让枝叶变成红色，满枝头的果子，也红艳艳沉甸甸。凑巧下雪的话：白雪，黄蜡梅，红天竺果，构成的景致真是美不胜收。当然这样的景在岭南是见不到的，温暖地区，南天竺的果子也稀稀疏疏不成气候，唯有那扶疏的枝叶依旧可观，爱插花的朋友，不妨种上两株，随便剪上一枝，水盆里一站，立时情趣盎然，气质非凡！

/南天竺（吕静摄影）

/蜡梅天竺图
（恽寿平 清）

日本人受咱中华文化影响极深，也特别喜欢南天竺，花园门前，随处可见，尤其茶室露地更是必不可少。南天竺有着平安吉祥，消灾解厄，时来运转的花语，许多传统器物上也常绘有南天竺图案。日本茶事中常把南天竺与水仙的插花取名"天仙配"可真是名副其实

南天竺不仅具有很高的观赏价值，其根、茎、叶、果均可入药，能抗菌消炎，镇咳止喘，但其全株均有毒，误服会引起全身抽搐、痉挛、昏迷，所以应遵医嘱使用不可自行服食哦。

/南天竺与菊花

/天仙配

/天仙佛手（吕静摄影）

冬饮六堡暖心田

北风呼啸，阴冷刺骨的冬天，最适合来一壶滚烫的"红、浓、陈、醇"的老六堡茶。一杯下肚，顿时一股暖气由丹田升起，舒展于四肢百骸，让人感觉无比妥帖。六堡茶也属黑茶类，主产于广西梧州六堡镇，自古享誉海内外，有独特槟榔香气。六堡茶和普洱一样，在储藏过程中会通过微生物作用，不断后发酵，使得其品质越存越佳，也是一种可喝的古董。如果说对于绿茶，人们追求的是"青春"的滋味，那么对六堡茶之类的黑茶而言，它打动人的则是岁月的沧桑和沉淀。

/红浓的六堡茶汤（鲁朝辉摄影）

/陈年六堡茶

六堡茶红浓的汤色,透着喜庆,给人温暖。

　　饮用六堡茶当然可以用盖碗或紫砂壶冲泡,但民间传统上经常是煮饮,用瓦罐或陶壶投入六堡茶,加山泉水,明火煮沸,待微温时饮用,倍感味甘醇香,有提神祛湿、益脾消滞、生津解暑的功效,若加适量冬蜜搅匀饮之,还可止痢,调理肠胃不适,5年以上的老六堡,还可治小儿惊风等症。正因为这样,东南亚一带的人,都有储存六堡,喝老六堡茶的习惯。

　　相对同样越存越香的普洱茶,六堡茶的价格亲民多了,有兴趣的不妨存一点。买回的六堡茶,可保留外纸及竹篓竹壳等透气的外包装,置于通气无异味处保存,若茶有仓味,可解开外包装,在通风处散尽仓味

/六堡茶(赵云汉摄影)

后,再包裹起来储存。在老六堡茶中,可见到黄色"金花",此乃是有益的黄霉菌,它能分泌淀粉酶和氧化酶,促使六堡茶的后发酵,使茶变得越来越"红、浓、甘、醇"。实践和研究证明,六堡茶具有比其他茶更强的分解脂肪的效果,长期饮用,可健胃减肥、降血脂和胆固醇,是不可多得的养生饮品。

/煮六堡茶(赵云汉摄影)

岁末清供佛手香 焖泡藏茶保健强
——赏金佛手,品藏茶

岁末清供佛手香

以前,每到冬天岁末,尽管百花凋零,叶落枝枯,讲究点的人家却总要寻一点清雅的事物放在客堂。这些事物可以是腊梅,水仙之类的鲜花,甜香的果实,也可以是菖蒲那样的绿植或者是文房雅具。甚至什么都没有的时候,有心人会水养一盆大蒜、白菜或红萝卜,只为了给家里增添一点绿色和生机。正如汪曾祺的《岁朝清供》中写的"隆冬风厉,百卉凋残,晴窗坐对,眼目增明,是岁朝乐事"。

佛手柑,一听这名就知道和柑橘有亲缘关系。它和柑橘、甜橙、柠檬等都属于芸香科柑橘属,这个属的果子就叫柑果,柑果的结构每个吃过柑橘类果实的人都知道,只不过佛手的果子是裂成一瓣瓣的,那果瓣状如手指,故名。佛手柑其实是香橼的一个变种,香橼的果实完整不裂,样子和大号的柠檬类似,只是它不是一般的食用水果,香橼和佛手的果子香气浓郁宜人,可提取精油,做药,当然腌渍后也可做蜜饯泡茶等食用,能和胃理气化痰。而佛手更因为它漂亮的果型和香气,被当作岁末清供的佳品。佛手在闽、粤、川、浙都

/ 有佛手的日子熏香可以暂时不用了

有出产，广东出产的广佛手药用食用价值高，而浙江金华出产的金佛手最为美观香郁，适合观赏。购买佛手时，如果主要是为了清供闻香观赏，要挑选果型瘦，入手轻，水分少，手指纤细秀气的，这种果子可把玩，耐久放，有人戏称它为文人佛手。将有香气的果子摆盆或悬挂于床头帐前闻香，是宋代以来的风气，到了明清，以佛手或香橼做居家清供赋香已成为文人的雅好。

/佛手的原种——香橼

/大佛手与小佛手

冬日买一些佛手，挑干瘦纤细的清供观赏，而果型肥大水分多的果子，则适合食用，不能久放。

肥大的佛手可洗净切片，用蜂蜜加少量白酒浸渍，过上十天半个月，就可以取用泡茶了，香甜中微微带一点苦，这种蜂蜜渍佛手放到冰箱里可长期存放。浸渍好的佛手晶莹剔透，可当蜜饯吃或泡茶喝。冬日的夜晚，捧一杯佛手蜂蜜茶，甜甜的，香香的，会让人从心底感觉幸福温暖。而对于

/蜜渍佛手片

饱受生理痛折磨的姑娘们,可以调经活血的蜂蜜佛手茶更是不可缺失的恩物哦。另外清蒸冰糖佛手也芳香可口,而且止咳平喘,理气化痰,帮助消化。

顺便说一下,有一种果类蔬菜叫佛手瓜,只因为形状有点像握拳的佛手故名,但它和其他的瓜类一样,同属葫芦科,其实和芸香科的佛手一点关系都没。

/蜂蜜佛手茶

/蜜渍好的佛手

焖泡藏茶保健强

藏茶，从字面上理解就是藏民们喝的茶，是产在四川雅安地区的一种古老的黑茶，茶树生长在海拔 1000 米以上的高山，采摘当年生成熟的茶叶和树皮已发红的嫩枝干，经过 5 大工序 32 道工艺精制而成，并且在制成后的储藏中还持续发酵。因为原料的全株特性及后发酵中有益菌的参与，藏茶中包含了比一般茶更多的对人体有益的化合物，有着很强的保健功能。现代医学对藏茶的研究结果表明：经常饮用藏茶能显著降低血脂，防止动脉硬化，控制血压，降低血糖，还可以抗氧化、抗辐射、甚至抗突变预防肿瘤。藏茶中纤维素含量高，能促使肠道通便排毒，又含有丰富的蛋白质、茶多糖和维生素，能和胃生津，防治各种原因的腹泻，所以藏茶对肠胃有双向调节作用，能调整胃肠功能紊乱。居住在青藏高原的藏民长期处在高寒缺氧，强辐射的环境下，饮食以高脂肪的肉食为主，缺乏果蔬，但他们的体格普遍强壮，能适应各种艰苦的生存环境，与高辐

/金尖芽细藏茶

射有关的皮肤癌患者也非常少，究其原因，跟他们每日饮用藏茶是密不可分的。他们几乎是"一日三次茶，一日一顿饭；宁可三日无粮，不可一日无茶"。原来的都市人，尤其是南方沿海发达地区的人，几乎是不喝藏茶这种看着粗枝大叶的粗茶的，但现代都市人，高脂肪高热量饮食多了，活动少了，随之而来的代谢疾病增多，三高人群普遍，声、光、电、波的泛滥给都市带来无形的强大辐射，饮食和外环境让发达地区的都市人实际上生活在了一种"类高原地区的状态"，从保健角度出发，常饮藏茶可以解决很大一部分的"都市病"问题，也许就因此原因，藏茶在都市里也日益走红，受到越来越多的青睐。

　　藏茶中高端细茶如雅细、片茶等系列，可以用壶或盖碗滚水冲泡，但为了发挥藏茶的特殊功效，最好还是用煮饮的方法，

/ 煮藏茶（赵云汉摄影）

现在很流行的电热养生壶,甚至是咖啡壶都是煮藏茶的好工具,一般水沸后加入藏茶,揭盖煮2~3分钟,再熄火加盖焖数分钟即可。

出门在外或办公室不方便煮茶时,可用保温杯,撬一小块藏茶(比平时泡茶量少一些),用无纺布的茶袋装好,热水洗茶,醒一下,丢入保温杯焖泡,效果也很好。一般的茶汤都要趁新鲜喝,但藏茶因为其茶多酚含量高,茶汤不易变质,隔夜煮好的茶放热水瓶里保温,第二天依旧能喝,而且茶味更透红、醇和甘甜,实在是居家旅行必备的好饮料。藏茶还是一种"包容性"极大的饮料,可以按照个人的喜好不同,加入牛奶、糖、盐、酥油、芝麻花生、巧克力、蜂蜜、水果等调饮,也可以加菊花、玫瑰、桂花、藏红花等调配成藏花茶,夏天制成冰茶喝也美味可口,做调饮的藏茶汤可以适当煮得浓一点。

/出门在外可用个保温壶焖泡藏茶

藏茶也是越陈越香醇的茶,在适宜的存放条件下,藏茶会继续后发酵,使茶味更纯厚、甘爽,老茶会有一种令人舒服的药香,"茶气十足",饮之让人有种轻汗拂面、身轻如燕的舒泰感觉。藏茶的储存和其他黑茶一样,透气干爽无异味处即可,跟专家请教过,说是湿热的南方在雨季可以开空调祛湿,因为藏茶一般压得比较紧实,即使太潮表面发霉了,只要丢大太阳底下晒几天,立即回复茶香。我开玩笑说,可以用藏茶砖在空旷的客厅砌一垛装饰墙,要喝时,挖一下墙角即可。

/蜜桃薄荷藏茶

/玫瑰藏茶

馨香岁晚说墨兰 王者之香数祁红
——赏墨兰，品祁门红茶

馨香岁晚说墨兰

兰花其实分两大类，一类是地生兰，它的根是伸展在土壤里面，所谓的土生根。地生兰大多生长在树荫下、微有日光照射，土质松软，根好伸展的地方，因此栽培在有树荫的空气中湿度较高的环境里最好，栽培料要松软利水。中国的四大国兰：春兰、蕙兰、建兰、墨兰都属于此类。另一类是附生热带兰比如蝴蝶兰，石斛兰，嘉德利亚兰，其根部主要靠吸收空气养分，故又名气生兰。地生兰通常叶子纤细摇曳多姿，香气幽雅清远，中国传统上被文人雅士推崇的兰花即是指的这类。古人认为兰花"香"、"花"、"叶"三美俱全，又有"气清""色清""神清""韵清"四清,是"理想之美,万化之神奇"。最早赋予兰花一定人文精神的是孔子,据东汉蔡邕《琴操》载:孔子自卫返鲁,隐谷之中,见幽兰独茂,蔚然叹曰:"兰当为王者香"。真正的兰花文化则起源于战国时期楚国的爱国诗人屈原,他种兰、爱兰、咏兰,以兰花为寄托,千百年来一直影响着后人。诗人们将春兰的高洁与人格的完美联系起来,使得春兰文化不断得以拓展和延续。而热带兰则花色艳丽花期长,更多受西方人喜欢,尽管中国热带雨林中也有出产,但国人还是习惯称它为洋兰。四大国兰中,春兰不喜高温,而且开花需要一定的低温和温差,所以岭南一般不种,而其他几种都有。

虽说从小喜欢种花,但一直不敢种兰,总觉得兰花高大上,必须有

/乌墨　　　　　　　　　　　/白墨

高深的技巧才行,后来碰到一擅种兰花的茶界前辈对我说:"掌握其特性,兰花其实非常好种:那就是兰花的根怕涝,植料一定要透气透水,让肉质根保持干爽,而叶子却喜欢湿润的空气,所以不妨经常喷雾或将兰盆置于树荫,水边空气湿润处"。所以,种兰最难的就是控制水分,所谓"种兰给水三年功"。

因为墨兰的花期正在二十四节气之尾的大寒季节,临近岁末,所以墨兰还叫报岁兰、入岁兰。这时,农

/入茶的白墨兰

历旧的一年将终,新的一年即将开始,令人喜庆的立春节气和新春佳节即将到来。但墨兰花开,安安静静散发着幽香、独守高雅,令人心生宁谧。

墨兰盛产于南方几个省,著名民窑佛山石湾窑烧制的墨兰兰盆也很著名,最大众化的一种是浅绿色的敞口瓜棱盆。这种敞口大盆很适合栽培高大壮旺传统品种的墨兰,置放于岭南园林的亭廊台阁中显得非常大方高雅。所以墨兰可以说是还有其独特的南方地域文化表现。

传统墨兰品种多为暗紫,紫红色,古称紫兰,也有白墨其实是淡绿色的品种,一般墨兰一箭有十几多达二十朵花,在浓绿的叶丛中,花不显却有浓郁的幽香,现代多了许多"观叶的"叶艺和花型奇特、花色艳丽的品种,但我总觉得后者虽新奇却失却了传统兰花的秀雅。

家里的墨兰每年都开个 2 ~ 3 箭,花期挺长,会开近一个月,放在屋子里,散发着幽幽的淡雅的香气。每每最后快谢时,心里总生出几分不舍,干脆采下投入茶杯,让最后一丝宁馨沁入茶汤,落下一个完美的句号。

王者之香数祁红

元末明初才出现的红茶，17世纪随着海上丝绸之路传到了欧洲。1662年，西班牙公主凯瑟琳嫁入英国王室，把红茶及饮茶风气带入英国，从此这个"日不落帝国"随着他们的殖民主义，把红茶带到了世界各地，使红茶成为饮者最众，饮茶方法最多的一种茶。世界上，红茶中有三种世界公认的高香茶，即印度的大吉岭茶、斯里兰卡的乌伐茶，还有就是产自中国安徽的祁门红茶。

兰是花中的王者之香，而祁门红茶则被称为茶中的王者之香。"祁红特绝群芳最，清誉高香不二门"。祁门红

/祁红

茶是红茶中的极品,内质清芳并带有蜜糖香味,上品茶更蕴含着兰花香(号称"祁门香"),馥郁持久,似花、似果、似蜜的清香气味持久蔓延,让人沉醉其间,是世界三大高香茶之首。祁红高香美誉,香名远播,被美称为"群芳最"、"红茶皇后",是英国女王和王室的至爱饮品。

红茶的饮法有调饮和清饮两种,而祁门红茶采用清饮最能品味其隽永香气。

上品的祁红有很多的嫩毫和毫尖,色泽润;香气高醇,有鲜甜清快的嫩香味,形成独有的"祁红"风格;汤色红艳明亮,可在与素瓷杯交界处形成金黄色光环。

泡饮祁红,最宜素瓷盖碗或小银壶。因为芽叶幼嫩,水温可控制在90~95度,冲泡后约45秒出汤,不妨用一玻璃公道,透过杯壁,观赏明艳汤色,再

/小银壶冲泡祁红绵软回甘香气扑鼻

用素瓷小杯品饮，闻幽香，品甘露，回味无穷。

话说有一种升级版豪华版清饮红茶的方法，就是用沉香木煮水泡红茶。第一次知道沉香茶，是从林清玄的散文里，据说越南和中国南方沉香产地的居民，历来有用沉香木煮水当茶的喝法，不但"可以去瘴疠之气，还可以提神醒脑"。沉香水淡淡的幽雅香气和红茶异常相谐。

在袅袅香烟中，洗净一小块沉香碎木块，投入壶中煮水。煮好的水，

/沉香木片

/点上一支沉香线香

先倒一杯，极淡的黄色，清幽的沉香飘出，尝一口，味甘，水似乎也绵软一些，直觉和红茶非常相谐。

沉香开水与红茶在瓷盖碗中交融，片刻，便成就了沉香茶，端起杯子，细细嗅闻，一股透着沉香的茶香沁入鼻端，不知该怎么描述，总之感觉是幽雅温和舒服的，呡一口，比用平常的水泡出的红茶，多了一种绵软，回甘也更好。

/沉香煮的水散发着淡淡的幽香

/沉香水泡的红茶